编写单位：诸暨市文学艺术界联合会　　丛书主编：郦海燕

U0750043

诸暨市文联「乡贤丛书」

徐道政传

胡正武◎著

浙江工商大学出版社
ZHEJIANG GONGSHANG UNIVERSITY PRESS
·杭州·

图书在版编目(CIP)数据

徐道政传 / 胡正武著. — 杭州：浙江工商大学出
版社，2020.5

ISBN 978-7-5178-3804-3

Ⅰ．①徐… Ⅱ．①胡… Ⅲ．①徐道政—传记 Ⅳ．
①K825.46

中国版本图书馆 CIP 数据核字(2020)第 058159 号

徐道政传
XUDAOZHENG ZHUAN

胡正武 著

责任编辑	杨　戈	
封面设计	雪　青	
责任印制	包建辉	
出版发行	浙江工商大学出版社	
	（杭州市教工路 198 号　邮政编码 310012）	
	（E-mail：zjgsupress@163.com）	
	（网址：http://www.zjgsupress.com）	
	电话：0571 - 88904980,88831806(传真)	
排　　版	杭州朝曦图文设计有限公司	
印　　刷	杭州五象印务有限公司	
开　　本	710mm×1000mm　1/16	
印　　张	9.5	
字　　数	160 千	
版 印 次	2020 年 5 月第 1 版　2020 年 5 月第 1 次印刷	
书　　号	ISBN 978-7-5178-3804-3	
定　　价	30.00 元	

序

　　徐道政先生是浙江省立第六师范学校的首任校长，是台州学院人的前辈，是浙江诸暨的一位文化名人。他是前清举人，辛亥革命前考入京师大学堂，"肄业经科"，获得文学士学位，"研古周礼"，撰有《周礼札记》六卷。后来还加入南社，与柳亚子等人诗酒唱和，交谊密迩。他的一生颇有些成就：攻文字学，出版有《说文部首歌括》《中国文字学》，是文字学的专家学者；擅长旧体诗，一生写过千余首诗，为南社的著名诗人；先后执教于浙江两级师范学堂、浙江省立第六师范学校，并出任六师校长，为教育事业奉献了自己的力量；纂修《暨阳大成徐氏宗谱》，并辑成《诸暨诗英》，是一个乡邦文化的热心者；在书法、篆刻与古琴方面，也相当有造诣。

　　胡正武教授撰写的《徐道政传》，相当详细深入地叙写了传主的一生经历与事迹。这本十余万字的传记，包括两大部分，前面是"徐道政传"，后面则附录了"徐道政年谱简编"。作者在叙写的过程中，贯穿了自己的探究与论说。从总体上看，传记的内容比较丰富，并善于运用翔实的资料，文字古朴，是一部开创性的传记。我有幸作为本传记（电子稿）的第一个读者，想在此说一下个人的读后感。

　　从 20 世纪 80 年代开始，我与本传记的作者胡正武教授一直工作服务于学校的中文系。我比他年长一些，他是恢复高考后，中文系分配来任教的第二批青年教师，我们起初同在一个教研组，我教现当代文学，后来他教古代汉语，转到汉语组去了。在多年的同事相处中，我隐约地感到，他执教古汉语，可能与他在杭大读书时师从的著名古汉语教授蒋礼鸿、郭在贻等人的影响有关。到了 20

世纪末，我进入了人生的退休赋闲期，他则仍然教书著文，还担任了学报编辑部主任兼学报主编。在我的印象里，这几十年来，他一直是一介书生，专事学问，发表过不少文章，还出版了著作，且有扎实的国学功底。近些年来，他还热心于地方文史的研究与《台州文献丛书》古籍的整理，其行文书写，采用的全是正体字，可见他与文字结缘甚笃。

2007年，根据学校的安排，我参与编纂由胡教授任主编的《台州学院志》。之后，我们几乎都开始关注有关徐道政的课题。那时候，我们对徐氏的旧体诗文产生了兴趣，同时还关注起徐氏的生平经历与事迹。我们曾先后几次参观考察过诸暨黄畈阳的"徐道政故居"，其间他还访问徐氏后辈的家族成员，翻阅当地的徐姓宗谱，参加诸暨文联召开的有关座谈会。我相信，这些考察访问活动，都为他完成《徐道政传》的撰写工作，提供了难得的线索与材料。

我们知道，所谓传记，主要是描写叙述传主的一生经历与事迹。就《徐道政传》而言，由于历史的原因，徐氏故后所遗留下来的，除了散见于各处的数量有限的诗文（包括当地宗谱所收录的）以外，我们很难找到他本人及其家族的一些书面资料，即使是在台州学院的档案馆里，也不容易获得他当年在"六师"任教工作的相关资料。因此，我估摸着这会给这本传记的写作带来相当大的困难，但胡教授在几经考察、调查访问、翻阅宗谱、搜寻资料之后，另辟蹊径，以徐氏主要的生平经历与事迹作为一条纵向的"经线"，贯穿起与传主相关的人物事略以及作者的一些论述等许多片断，从而编织成我们眼前的这幅"璀璨的缎锦"——《徐道政传》。作者在传记里有叙述有描写，有介绍有论述，有分明的章节，也有必要的注解，有作者合理的想象，也有其个人的见地，还不时地对某些史料与问题提出质疑。

最近我通读了本传记之后，对于徐道政先生的一生，有了进一步完整、具象的认识。我以为，他作为清末民初的知识分子、文字学的专家学者、南社的著名诗人，是一位颇具人文情怀和家国情怀的前辈。

是为序。

台州学院　夏崇德

2018 年 4 月 4 日

引　言

　　前贤说："风起于青萍之末，浪成于微澜之间。"每一个历史阶段的发展，都有其自身规律在发挥着支配作用。在阴历戊午年年底，也就是阳历民国八年年初（1919 年 1－2 月间），大约是学校放寒假的时节，原本山色叠翠、碧水倒映、云蒸霞蔚的浙东运河两边，天色阴寒，即将下雪的样子。路上北风呼啸，景物萧条，行人稀少，步履匆匆，似乎都在为过年忙碌着。山阴道上却有一位年近花甲的先生，穿着长袍，戴着呢帽，提着一个小包袱，身后跟着三个后生：一个二十三四岁的模样，长得健壮结实，精明干练，像一个青年教师，青春洋溢而充满热情，肩上背着一个琴囊一样的大包袱①；一个十四五岁光景，像是一个学生模样，背着一个书包，边走边不时地问长者一些问题；还有一个十岁光景，也背着书包，手里还拿着一把弹弓，边走边向路旁的树木张望，看看哪里有鸟，瞄准了弹一下，回头看看大人走远了，生怕落队，便一溜小跑追上来。他们一行刚从船上下来，急于赶路，就四处张望码头上是否有等候送客的车子，可看了一圈也没有找到合适的，先生便领着三个后生往前走去，直向绍兴城里寻觅客栈，以便明日继续赶路，本打算先回老家诸暨，与家人团聚过年。而先生还有重要公务在身，要按照规定的时间赶到省城杭州，与省教育厅组织的一批来自全省各府师范学校的校长会合，预定从上海出发，乘坐东洋先进摩登的大海轮，前往日本参观访

---

　　①　徐道政喜爱古琴，自从购得一具号称"韵馨"而署名"晦庵"的古琴后，每出门，以琴自随。徐氏《得古琴记》："得斯琴焉，据山水胜处，时一挥手，神游于广莫之野，无何有之乡，仙仙乎遗世而独立，今而后其有瘳乎！"是将此琴作为陶写性情、排遣忧伤的道具。其友赵怀德诗云："湖海相随谁最久，琴书第一是良俦。"注："君得朱晦庵古琴，每游名山，以琴自随。"

问,考察东洋办学"规模"(此指规制、模式)。这位先生,便是本书的传主徐道政先生,当时担任浙江省立第六师范学校校长;这三个年轻人,便是他的三个儿子。大的那位是他的第二个儿子徐颂械[①],当时在浙江省立第六师范学校(以下简称"六师")和省立第六中学校(以下简称"六中")做教师,两个小的都在台州府城临海城里小学读书,徐道政也可以方便管教辅导。归家没多久,到腊月廿八(1919年1月29日)这天,阴寒湿冷的天气转为下雪了。漫天的雪花中,徐道政背着行李,在离家不远的浦阳江码头乘船出发,前往省城杭州,将与包仲寅等十六位省内各州府师范学校校长等人组成的教育代表团,一起乘坐火车到上海。时间紧迫,前一夜省教育厅来电催促,要求准时赶到杭州会合出发。所以代表团的各位成员不顾天气寒冷,顶风冒雪出门赶路。他们在杭州会齐,马不停蹄地赶到上海,在日本人开设的机构购买了周游券,于除夕当天(1919年1月31日)乘坐日本海轮"香取丸"号,放舟太平洋,向着日本驶去,开启了一段在当时颇不寻常,而且充满新鲜感,还有诗酒交错的环黄海之游。虽然这样的赴日考察教育方式还是延续去年的模式,由省教育厅组织考察团成员,人数只有去年的一半,但对这些考察团成员来说,是第一次出国访日,因而十分新奇,充满向往。徐道政在《将游日本留别校友》一诗中写道:"赤城儿唱腊嘉平,独向扶桑万里行。忝列老师三祭酒,偶随海客一谈瀛。采他徐福山中药,移我成连岛上情。要学水仙方外曲,与君细意奏新声。天涯历录一劳身,又值桃符换岁新。夜半简书飞电促,满江风雪送行人。夏正腊月二十八日出门下浦阳江风雪舟中作。圆峤赤城太白前,一家三处过新年。老夫极目东西望,独在汪洋万里天。大儿颂櫑侍母在家,次儿颂械及四、五儿在台郡,三儿颂薪在东京,而余独于除夕渡太平洋。"便是当时情景的写照。

　　由上所述,这一个寒假对于徐道政而言,注定是一个很不寻常的假期,也是影响其家庭历史进程的重要历史环节。那么这次从台州府城返回老家诸暨及从诸暨奔赴省城杭州,走向上海港,放船驶向太平洋,登陆日本之行,给徐道政及其家族留下了怎样的影响?让我们把历史的脚步拉回到传主身世的开头,以便让读者得一完整的人物生涯历程。

---

　　① 徐颂械:其宗谱一作颂械,一作颂域(见燕山双泉《大成徐氏黄畈阳宗谱》卷之四"行传")。据徐道政《东游草·将游日本留别校友》诗:"圆峤赤城太白前,一家三处过新年。"徐氏自注:"大儿颂櫑侍母在家,次儿颂械及四、五儿在台郡,三儿颂薪在东京,而余独于除夕渡太平洋。"当作"颂械"为是。再说徐颂械字朴人,名字之义相协,亦可证其宗谱中一作"颂域",于义无取,当属形近而讹。故附此略加辨别及之。

目　录

第一章　耕读之家出才子(中举之前)

前文所说徐道政其人,是清朝晚期浙江省绍兴府诸暨县的一位文化名人。在中国历史从封建专制走向民主的转型时期,他与当时许多的热血青年、知识分子一样,走在时代的前列,为实现推翻满清王朝的黑暗统治而呐喊、宣传、出力。在那个时代里,他以自身的努力与实践,为中国摆脱被列强侵略瓜分、受尽欺凌的苦难处境,探索教育救国、强国之路,振兴中华,留下了许多可圈可点的事迹,留下了为数不少的诗文,更留下了许多值得后世研究品味的道德文章。据徐道政《暨阳大成徐氏宗谱序》记载:"族自元末迁此,易世三朝,历年五百,编户千家。"可见徐氏这个家族从元朝末年迁到这里,经历了元、明、清三个朝代五百多年,发展为上千户人家的一支。徐家本是世代为农,半耕半读,自给自足,过着平静而清淡的生活,没有出过有名的读书人。从宗谱上看,徐道政的祖上有读书出众者为县学生员,但没有出现过考中举人、进士,取得功名,做过官职的人。到徐道政这一代,虽然国家仍然以科举作为取士的最重要途径,科举也仍然是读书人最看重的改变自身命运的一条出路,但由于鸦片战争已经极大地改变了天下大势,中国已经由一个世界上具有强大国力的大国强国,变成了一个被西方列强打得毫无招架之力的半殖民地半封建国家。清朝政府为了应付列强的赔款压力,一改康、雍、乾盛世时期反复申述的"永不加赋"、不与民争利、对民众较为宽松的赋税征收政策,陆续推出多种征收赋税的做法,加之各级官吏乘机码上加码,上下其手,广大农民负担日益加重,到徐道政长大成人走向社会之际,苛捐杂税,巧立名目,已成为常态了。这也就是前贤所说的中国经历了近三百年未有之大变局的时代。

第一节　趋庭鲤对通经史

　　徐氏宗族的来源,据徐凤苞《暨阳大成重修宗谱序》称:"徐氏世家皆祖伯益而宗偃王,递传至汉元洎公,避乱过江,聚族三衢,散处姑蔑。既又由姑蔑而至吴宁。是江以南蔚起名门,盛成巨族者,皆元洎公后也。"序作于光绪十七年(1891)辛卯附孟冬月,徐凤苞是吴宁同宗。其意为徐氏世世代代都以虞舜的得力大臣伯益作为始祖,以徐偃王为宗主,传到汉朝元洎公时,因避乱南渡长江,举族聚居于三衢(山名,后即以代称衢州),再散居于姑蔑(今衢州龙游县)一带,后来人口繁衍,一部分由姑蔑迁居于吴宁(隶属东阳县,今为东阳市吴宁街道),从此徐氏宗族人文兴盛,渐成世家大族。诸暨璜山大成徐氏这一支始祖"睿渊(字道礼)为避兵灾,由东阳燕山迁徙暨阳大成坞,隐居云雾山,以樵耕为生。自此自立门派,繁衍子孙"(徐升亮2012年序),家族兴旺,"我徐氏盛于吴宁而又盛于暨阳",令人称奇。有人以为此地"金涧之峰,庭南耸翠;梅溪之水,堂北环清。盖其山川之钟毓使然"。也就是山川风水钟灵毓秀造成的结果。其迁居诸暨璜山大成的时间,据徐道政《辛未大成徐氏续修宗谱序》的说法,是从元末时迁到这里,"易世三朝,历年五百,编户千家,葺谱十次"。徐氏迁入之地号称"大成",因有一村名为"大成坞",它的地理形势,用徐道政的话说:"婺越诸山祖太白,其东出者为走马,为秦望,而终于会稽之禹穴,儒林道学,帝王万世之功之所宅焉。西出者歧而为二:左枝首吴宁,蟠乌伤、浦阳、富春,而尾于石牛,忠孝文武,英雄割据所之炳灵焉;右枝则连冈三十有六,突起方山,折而东为大成。"意思是婺州(今金华)越州(今绍兴)之地的山脉以太白山为首,向东绵延的一支成为走马山、秦望山,到会稽山的禹穴结束,是儒林道学、帝王之功栖止的地方;向西蜿蜒的一支又一分为二:左枝以吴宁为首,盘旋于义乌、浦江、富阳一带,石牛是尾巴,是忠孝文武英雄割据之地;右枝有连冈三十六,到方山突起耸立,向东曲折,成为大成。黄畈阳徐氏这一支是从大成分出,因地毗邻而与大成坞徐氏通同修纂宗谱,号称"大成徐氏"。大成徐氏繁盛兴旺,"兹更较吴宁而尤盛",可见诸暨大成这一支徐氏子孙繁衍的盛况之一斑。大成徐氏迁到黄畈阳村,是在清朝康熙年间(1662—1722)。据徐升亮序云:"大成派七房徐文诰幼子徐大泳在康熙四十年(1701)迁居黄畈阳。"支分派别,宗脉绵延,迄今已历三百余年。黄畈阳村与大成坞(如今有的网络地图上标为大成庑)毗邻,大成坞在东南,黄畈阳在北偏西北。

徐道政出生于清穆宗同治五年(1866),浙江省绍兴府诸暨县化泉乡(今属璜山镇)东庑村黄畈阳自然村的一个家境殷实、在当地有一定威望的农民兼中医家庭。自乾隆年间(1736—1795)起,从徐道政的高高祖徐安三起,就以耕读传家,"以儒攻医术,活人以千万计"(徐道政《例赠文林郎杏源府君暨钟孺人行述》,下简称《行述》)。到其高祖徐再晰,"传其业益精,著有《痘麻症医案》各若干卷",就是《痘症医案》若干卷和《麻症医案》若干卷。此后一直传到其父亲徐春岳,字杏源,号南山,是当地医术高明的中医,"代以医鸣",徐家便是远近闻名的中医世家。徐春岳农忙时务农,耕耘田地,侍弄稼穑,还砍竹造纸,增加收入,以度朝夕;农闲时节就研读医书,背起药囊,走村串户,当游方郎中,把脉问诊,治病救人,擅长肿疡、溃疡、折疡、金疡之疾的诊治,还"不取贫儿资",家因此常清贫,然颇积德望。徐道政父亲共有兄弟五人,"一家食指百数十",在咸丰十一年(辛酉,1861)太平军横扫浙东时,诸暨璜山"庐舍悉被焚毁,田园荒芜",在见诸史料的文字中,不只徐道政一家遭难。他在为其族兄写的《太学生凤楼公传》中记载:"粤匪窜境掠人,焚庐舍,贼伤太孺人四指,几死,掳公及弟去。"当时"村中宅舍悉被贼焚,人多露宿",可见当时百姓遭际之一斑。徐道政的伯父徐杏圃亦善医术,却"质弱善病",三个叔父或尚年幼,或遭贼掳掠而去,全家吃饭全靠徐春岳"力田兼采竹作纸食之"。冬天寒冻,徐春岳为造纸取料,"手足瘃茧冻裂[①],血流地如盆大"。徐道政的祖母楼孺人看到之后心痛得老泪横流,嘴里却用"吃得苦中苦,作得人上人"来安慰儿子。徐春岳笑笑说,我自己会治,这点疮疤算不上什么(以上俱引自《行述》)。这是徐道政出生之前,徐家生活的一个缩影。

---

① 瘃茧:瘃读如浑,瘃茧就是冻疮。冻疮红肿起来像老茧一般,所以叫作瘃茧,又称"瘃瘃"。

徐道政出生的日期，据《大成徐氏黄畈阳宗谱》记载：徐道政生于"同治五年丙寅六月初五日亥时"，即阳历 1866 年 7 月 16 日半夜。而据徐道政《六十生日作》诗云："五十九年前，我母梦长庚。吉日六六福，子时我初生。"其中"我母梦长庚"句是用了唐朝李阳冰《李翰林集序》（即为李白诗文集所作的序）中的李白出生时的典故。李白出生时以长庚星（俗称太白金星）在天上的时刻，故其父名之曰白，而以太白字之。由此可以推知徐道政出生也是在早上。"吉日六六福"，则其出生日期是六月初六子时，相当于阳历 7 月 17 日凌晨，应当以此为准。徐道政是徐家的长子，家里添了男丁，生得虎头虎脑，一副男子汉威武之相，他的祖母楼孺人高兴得连连称赞是高贵的亲戚带来的福气，徐氏一家子沉浸在一片欢喜幸福中；邻里与亲戚送来相看庆贺，连附近的儒生、寺院的和尚、宫观的道士等都来看望，见面喜欢，抱过这个新生的孩子。其《六十生日作》诗云："我生为鼻子，同胞上无儿。闩上悬桑弧，喜气溢轩楹。邻里竞相贺，不殊香孩营。下地气虎虎，皆为万人英。大母喜添子，云是高襟灵。释儒亲相抱，黄老指宁馨。""鼻子"在此是长子、大儿子之意。"宁馨"是"宁馨儿"的省略，是晋宋时代的口语，"这样的孩子"之意。此处是用典：宁馨儿的典故出自《晋书·王衍传》："王衍字夷甫，神清明秀，风姿详雅。总角尝造山涛，涛嗟叹良久，既去，目而送之曰：'何物老妪，生宁馨儿！'"徐道政的父亲为他取名"尚书"："皇览揆初度，锡我尚书名。"尚书既是"五经"之典籍，又是朝廷高级职官名，自然包含了长辈内心的期望与寄托。后来长大成人，取字平甫，又写作平夫（甫、夫古义通，与"父"字一样均是表示男性性别之字，故有"甫者，男子之美称也"之说），通常解读为取"匹夫平天下"之意，实际上名"尚书"，字"平夫（或平甫）"还包含了《尚书·虞书·大禹谟》中"地平天成"之意，寓有立志高尚、抱负远大、干大事、成大业，与徐道政少时理想合若符契。徐道政《六十生日作》诗中即以大禹诞生于石纽剡儿坪的传说自比："粤若稽之古，闻有剡儿坪。神禹诞石纽，天地庆平成。"这便是其名字取义的由来。后来经历了人生的曲折之后，便自己取号为病无，取《论语》中"君子病无能焉，不病人之不己知也"之意，是激励自己勤奋精进、积极向前。别号"句无山民"，道政是他的学名（上学后用的名字）。他取别号"句无山民"也是有深意的，句无山距离诸暨县城约五十里，离黄畈阳则较近，早在先秦时期的经典《国语·越语上》就载有："句践之地，吴更封越，南至勾无，北于御儿,东至于鄞,西至于姑蔑,广运百里。"意为越王句践(后俗作勾践)的封疆,在吴王夫差战胜勾践之后,改划越国的疆界,其南边到勾无山为止。而越王勾践与吴王作战失败,痛定思痛,遂决意卧薪尝胆,十年生聚,与民休息,培养力量,再经十年教训(教育训练),终于练成一支誓在复仇的生力军,一鼓作气,打败吴国,俘虏夫差,报仇雪耻,把越国带到一个与春秋五霸争强、问鼎中原的光辉时代。所以从徐的名、字、号都可以体会到这种埋藏于内心深处的英雄情结与高远目标。

徐道政"幼即岐嶷"(岐嶷是智力超常、表现出众、不同凡响之意),表现出过人的读书秉赋。其父母对他的启蒙也很早,孩子也符合长辈的愿望,十分聪明伶俐。"此子生同物,不是寻常婴",三岁即能够"识之无",五岁即接受父训"趋鲤庭",表现"早惠",如"蒙学"教材《三字经》《百家姓》《弟子规》《千家诗》《龙文鞭影》之类,之后熟读儒家基础教育教材"四书五经"(《大学》《中庸》《论语》《孟子》是为"四书",《诗经》《尚书》《周礼》《易经》《春秋》是为"五经")之类,从小打下扎实的基础。徐家在徐道政"四子读未半"的时候发生了重大变故,"家难祸纵横",徐道政十岁(光绪元年,1875)的时候,祖母楼孺人去世,第二年其母亲钟孺人不幸遭疾,又突然去世。徐道政年才十一岁,弟弟八岁,"慈母倏见背,凄凉赴蒿莹",对于徐家尤其是对于年幼的徐道政而言,其打击之大,自不待言。他的母亲钟孺人是"同村上新屋金宝公女",他的外公见徐家"世以医救人,以为后世必昌",就将女儿定了娃娃亲,钟孺人六岁时就来到徐家,就是旧时所谓的"童养媳"。年龄渐长,就逐渐操持徐家的家务,"躬操井臼,夙夜勤作",为人和善,即使长辈有时责备她,也没有怨言出口,孝敬长辈楼孺人,与妯娌相处和谐,是村里有名的孝顺媳妇。徐道政觉得母亲突然去世,是因为"先妣质素弱,重以幼年勤苦",生徐道政(尚书)与弟弟徐贤书二人,"气血早衰","享年仅三十有四"。第二年(光绪三年,1877),其伯父徐杏圃又殁(去世)。伯父徐杏圃"医而儒"(《行述》),是徐道政的启蒙老师与童子师,他从小是"从伯父读经"的,徐道政《太学生凤楼公传》中说:"余幼从伯父杏圃公读。"读"四子(即《大学》《中庸》《论语》《孟子》)书"未半,就是伯父教导的。至此,幼小的徐道政"迭遭家难",徐家"困益甚",难以支持徐道政继续求学。常言道:"有妈的孩子像块宝。"十一岁的徐道政之前有父母呵护,母亡之后就需要自己经历风雨了,于是"府君(其父徐春岳因徐道政有功名而例赠文林郎,故尊称自己父亲为府君)命不孝(对自己的谦称)弃书,牧牛山中助力作",就是其父亲要求他中止读书,走出私塾书斋,走向田间地头,去山中放牛,帮助家里做点农活。徐道政过早地体验了人生的冷暖与生活的甘苦,为了分担家庭的重担,徐道政只得结束了求学,当时身子骨也未发育完全,一个清瘦的后生参与家里的生产劳动,春天放牛,夏天耘田,秋天收割,日晒雨淋,尝遍了农家耕作的艰难辛苦,有时候想起母亲在世时对自己呵护照顾的情景,不禁悲从中来,泪如泉涌,泣不成声。徐道政从此告别了无忧无虑的童年。正是这样一段家庭的重大变故,徐道政深深地懂得了耕读生活的丰富内容与含义,激发了他想借读书走出一条前辈未走成功的道路。《六十生日作》诗中对此数年生活的记述是:"伶俜一瘦男,驱我佐芸耕。春牧而夏畦,日炙雨冥冥。穷山苦饥渴,思母泪纵横。"前贤所说:"艰难困苦,玉汝于成。"用在徐道政的身上,真是十分贴切。若干年后,徐道政考中举人,成为当地青少年奋斗成功的榜样、励志的楷模,以至于在璜山一带流传着"看牛细佬中举人"这样的故事,当然这是后来的事情了。

第二节 耘耕诗笔两相长

徐道政辍学而又重新入学的经历,在当地流传着一个有趣的传说。徐道政虽然辍学在家,然而因为徐家世代以医为业,他的父亲是乡村郎中,有文化,要研读医书,书写药方,而徐道政也要跟随其父外出诊治,学习中医问、闻、望、切,中药的名称、配伍、处方,要读医案等等,必须通晓文墨。所以他的文字、书法、绘画等应当是在重新入塾之前有一定的基础。这样的耕读生涯持续到徐道政十六岁那年。他照常于农闲时跟随父亲外出行医,一天走到齐村赵全荣家,赵全荣看到徐道政这样大好的年纪竟然辍学了,又听闻徐道政天资很高,前景有望,便劝徐父让徐道政重新上学。其父亲也寄希望于这个很有天赋的儿子,能够走上科举入仕之路,为祖宗争光;又知道赵全荣有一个女儿,与徐道政年纪相仿,转念一想,何不试着为儿子提个亲事? 就与赵全荣半开玩笑地说:"你若肯将女儿许配与我儿子,我就允许儿子重新入塾读书。"赵全荣看着这个充满朝气的后生,满心欢喜,便将这门亲事应允下来。这样徐道政重新获得入学的机会,又订下了自己的终身大事,可谓喜出望外。重新入学以后,他更加明理勤奋,自觉刻苦,也更加专注地学习科举所用的学问,学习儒家经典,八股时文,文字音韵训诂,也学习诗赋策论。还因为当时经过太平天国农民"运动"(俗称"长毛乱"),横扫了中国经济文化最发达的长江中下游地区;同时清朝又经历了第二次鸦片战争、八国联军入侵、火烧圆明园等重大国事变迁,朝廷与洋人签订了一系列丧权辱国的不平等条约,割地赔款,就不得不取消康熙时期定下的不与民争利、永不加赋的旨意,增加了税收的种类和数量,社会下层人民的生活压力日益加重。同样,士子对前途的敏感,甚于农民对赋税变化的感受,所以当时读书人普遍关心国家大事与时局变化。徐道政正是在这样的背景下成长起来的时代青年,必定学过"师夷长技以制夷"的道理,心中深埋着盼望国家强大的愿望,因而十分珍惜入塾求学的光阴,铭记"一寸光阴一寸金,寸金难买寸光阴"的古训,奋发图强,朝着远大的理想负重攀登。

而徐道政在为其父母所写的《例赠文林郎杏源府君暨钟孺人行述》中,提供了另一个重新入塾读书的版本:徐家给人看病的先是其伯父徐杏圃(名春风),伯父去世后,"求医者不绝于门,府君为治之辄愈",因此其父亲徐杏源就"弃农业医,而命不孝从塾师读"。这应该是其父亲觉得要改变生活处境,当医生更有奔头,更有作为,从而为儿子未来做出的理智抉择,也是徐道政人生的转折点。经过三四年的刻苦努力,徐道政到了二十岁,便能够通经辨史,贯串文字音韵训诂,写得诗赋,学习作文,即撰写政论文章(策论),思虑深入通透,写出的文章立意远大,构思严密,言辞流畅,词句清丽,理意不凡,有能够惊人之作,就像他的自述:"十六重入塾,寒窗对短檠。二十学缀文,冰壶玉玲珑。三冬文史足,落笔鬼神惊。"已经是一个具备了应付科举考试能力的时代青年。根据以往农村男女结婚礼俗,男女青年订婚(俗称"定头")之后还要经过"拜肯"等一两道准备工作,是古代男女婚礼"六礼(纳采、问名、纳吉、纳征、请期、亲迎)"的遗风,虽然简化了不少,但还是保留"六礼"的轮廓。订婚三年之后结婚居多,所以徐道政大概是在二十岁光景结的婚。这一点从他生长子徐颂樗(生于光绪十八年壬辰八月十九日子时,1892—1952)之前,就已经生育了长女嫦娥,大致不差。从学业上进的角度看,徐道政重新入塾,进步显著,吟诗作文,均可愉快胜任。在丁亥年(光绪十三年,1887)二十二岁时,蒙父亲允许"应童子试",结果郡县两级考试"均列前茅"。其父亲看到希望,就说:"我志为尔学医计,今而后可专攻举子业。"意思说:我以前打定主意叫你学医,今后你可以把考中功名作为自己的目标。己丑(1889)年,徐道政二十四岁,得到恩师潘逸琴的赏识,"补县学弟子",进入县学为生员。之后其父又命徐道政前往杭州,进入有名的崇文书院肄业(学习深造),崇文书院是当时杭州城内与敷文书院、紫阳书院并称的三大书院之一,后又得到徐季和先生的赏识,"补邑廪生",就是每月由县学给与米粮补贴资助,称为"廪禄",拿到廪禄也就是所谓"食饩"的生员叫作廪生,即世俗所称的秀才。

　　徐道政本是才气出众之人,从小喜欢阅读诗文,热爱唐宋才子,对于流连光景、吟哦风月之事,每多会心,颇深领悟。而平时与小伙伴们一起,亦好作平仄对仗游戏笔墨,甚至以此定胜负。即使辍学在家,每当耕作之余,便拿起书木,挥舞笔墨,并未放弃秀才功夫。1983年诸暨县想编县志,在征集材料座谈会上,就有老同志提到:徐道政(病无)会写诗,自己编有一册诗集,不知现在还保存不保存? 县志办的马产宁插话说:"当时在朱逸人处看到过徐病无的这册诗稿。"(马产宁所说的徐氏诗稿,应当是指《勾无山民诗钞》)。徐道政还十分喜欢古琴,他自述从小就嗜好丝竹,后来觉得乡间流行的这些音乐多属"世俗靡靡之音",就弃置不顾,但对古琴之好一直存于心中。后来还演绎了一生与古琴所结下的缘分,待后再叙。因此,诗歌词曲、琴棋书画这些秀才基本技艺,徐道政在中举之前的岁月中,既有秉赋与嗜好,又多游戏之作,并得到乡前辈如吴衷怀(详下文)等人的奖掖提携,其才名日益传扬开来。只是由于徐道政自己晚年所编别集《勾无山民诗钞》的佚失,造成了无可挽回的遗憾,留下许多无法填补的空白。

第三节　清末之年中举人

　　大清帝国一经西方列强的大炮兵舰打击之后,马上暴露出了许多脆弱不堪的毛病,国虽大而不强,兵虽众而不勇,地虽多而难保完整,银虽富而徒充赔款。迄于清末之际,从皇帝到平民,凡有思想者均不能不思考这是为什么。号称历史悠久的中华大国，竟然在遥远番邦的"奇技淫巧"（近代国人称西洋人的近代化机器、武器为奇技淫巧）面前如此不堪一击，文韬武略竟无用处，因此许多有识之士纷纷大声疾呼改革教育，改革人才选拔制度，向西方学习，废科举，兴学校，甚至改革汉字等，核心思想是"师夷长技以制夷"，这是后来"向西方学习"思潮的由来。中国知识分子忧国忧民的历史责任感与忧患意识在此时表现得十分突出。这种思考与呼吁带来的一个重要历史变化是人才选拔制度的确做出了重大的改变，就是科举考试已经到了难以为继的阶段。而徐道政赶上了科举考试的余晖。他勤奋学习，进步明显，在参加科举考试之前，又经历了清末重大的政治改革试验——戊戌变法，即所谓"百日维新"。此事尽管很快以失败告终，但总体上看，清朝在推进政治改革、军事改革、经济发展、交通建设以及人才选拔机制改革诸方面都做了尝试与探索。这些重大的社会变化使青年受到了极大的影响。徐道政也是其中深受时代风尚感染的一个热血青年，在寻求自身出路的同时，思考着推动国家与民族改革进步的问题。戊戌变法之后五年的光绪二十九年（癸卯，1903），徐道政参加了癸卯科考试，发挥正常，考试中式，成为癸卯科举人。

　　徐道政二十岁学缀文，再加三冬学习文史，之后"荣食廪人粟"，可知此前徐未尝"食廪人粟"，徐氏《六十生日作》诗云："荣食廪人粟，计偕长安城。束修羊并至，问字酒常盈。"这里所写的是他二十四岁之后的事情。接下来的处境就有了明显改观，食廪之后，就有可能进一步得到提携与选拔，"计偕长安城"是曾经到京城谒选干仕。"计偕"本指举人入京考试，因为癸卯年开科考试是特例（见下文），所以此处是指被推荐入京参加癸卯科考试。这样"计偕长安城"就很合理了，长安城代称首都。癸卯（光绪二十九年，1903）开科取士，是因为适逢慈禧太后六十寿辰，所以"普天同庆"，恩泽天下，雨露共沾，属于科举考试中的"恩科"，徐道政此时已经三十八岁了。徐道政记载为："明年，慈禧皇太后六秩圣寿，开科取士。府君命不孝应试，遂领乡荐（唐宋时士子入京应进士试是由其籍贯所在州县推荐，称为乡荐，后世遂称州县推荐参加上一级考试为乡荐。领乡荐即指考试中式，此指中举）。"中举之后，知名度大大提高了，闻名而来请教从学者络绎不绝，所以"束修羊并至，问字酒常盈"，"束修"是古代学生交给老师作为礼物的十束干肉，也是学费，"束修羊"指充当束修的羊。酒也是作为请教之礼的意思。如此一来,衣食温饱这些物质条件得到明显改善。徐道政在二十四岁成为县学生员以来,赵氏夫人操持家务,抚养孩子,夫唱妇随,其乐融融,所以徐有"孟光操井臼,稚髫惯布荆"之叹。孟光是东汉梁鸿的妻子,与梁鸿琴瑟和谐。举案齐眉的故事就是出于孟梁,此处代称自己贤慧的夫人赵氏。赵氏是邻近齐村全荣公之女,年龄比徐道政小一岁,据《徐氏宗谱》载,生于同治六年(丁卯,1867)二月十五日辰时。虽然日子谈不上富裕,但能够安于清贫,过着"稚髫惯布荆"而无怨无悔的生活。在赵氏夫人的辛勤操持下,徐道政在本邑执教,收入增加了,家里的经济条件逐步改善,渐渐有所积蓄。所以他说:"所赖积寸铢,田园有余赢。"就是当时家境状况的写照。在那个中举都十分稀罕的年代,徐道政中举了,成为徐氏家族的荣耀。这为此后走出农村,为社会、为国家做出自己的贡献,提供了必要的铺垫。

　　癸卯科考试大概是清朝科举考试的最后一届考试,徐道政的好友宣澍甘、蒋智由(均详见下文)也是此届举人。就我校前身的省立第六师范学校来说,其创始人周继潆(1879—1933,字萍泅,号来亨,台州府城临海人)也是癸卯科举人。这两位同科举人在学校办学与发展的历史上先后做出了各自的贡献,留下了值得后人景仰与研究的事迹。而且值得指出的是,当徐道政来临海出任第六师范学校校长之后,与周继潆在台州府城再度相会,一起切磋学问,探讨时局,商量应对方案,也一起聚会,觥筹交错,猜拳行令,谈诗论文,吟风哦月。如此情谊,真是没有想到的。回溯其科举经历,应当是有前缘存焉。

第二章　出庐办学试莺啼（任教浙江两级师范前）

　　徐道政的中举为他进入仕途打开了一条通道，只是因为职少人多，清朝末期社会衰败，许多举人很难有机会任职。徐道政也是如此。他中举后似乎并未得到担任一官半职的机会，而是走上了教书育人的道路。后来竟成为其毕生从事的职业，并为此奉献了毕生的精力与才智。光绪三十年（1904），正是全国教育改革热潮之际，此时三十九岁的徐道政亦加入这个潮流，并身体力行，响应"废科举，兴学校"的呼唤。他应同乡前辈吴衷怀之邀请，参与翊忠书院改革实验，将翊忠书院改建为新式学堂，校名改为公立翊忠高等小学堂，并担任翊忠学堂校董会成员。这所诸暨有名的新式学堂，就是今天的诸暨浬浦中学的前身。这是近代中国基础教育向西方学习迈出的重要一步，从时间上来看，徐道政以自己的办学实践为教育改革提供了实验，也是走在时代前列的先行者之一。这是徐道政"出山"走上新式学堂办教育之路的开始。

第一节　兴学布新露头角

　　翊忠高等小学堂的前身是翊忠公学，再往前是翊忠书院。徐道政参与翊忠高等小学堂的办学，无疑是清末传统办学模式改革的先行者之一。徐道政在担任校董时，为了宣传新思想、开拓新视野，先后聘来新派名教师，如绍兴马叙伦、蔡元培、徐锡麟等到校讲学。蔡元培先生还主持过一段时间的校政，遂使翊忠小学成为当时全县校舍规模最大的学校。徐道政这一时期的教学工作是他一生中重要的第一步,也是兴办新式基础教育工作上的"初试莺啼",他是带着强烈的使命感和高度的责任心投入这一项新鲜的育人事业的。实际上,在此之前即成为县学生员、"补廪生"以来的十多年中,徐道政靠什么为生?虽然缺少详细的文字记载,难以做出较为系统的描述,但从他的《六十生日作》诗中,还是可以对此段人生的经历做一有根据的推论。《六十生日作》中说:他在"计偕长安城"之后,"束修羊并至,问字酒常盈"。看来徐道政是做了当时秀才和举人通常的职业——私塾或者书院的教师,所以他的学生交来束修,送上老酒,作为向老师学习的学费,向他请教的礼物。"问字"就是"问学",做学问必先从识字始。光绪三十一年(1905)斯民小学成立,徐道政先生为该校撰写校歌,康有为先生为新校门题写了"汉斯孝子祠"五个大字。这一时期培养人才的标志性成果是造就了一位著名的现代军事将领、国民革命军陆军上将蒋鼎文将军。蒋鼎文(1895—1974),字铭三,诸暨浬浦镇盘山村人。十岁就读于斯民小学,正是徐道政在此任教;十五岁转入浬浦翊忠学堂,民国元年(1912)考入绍兴大通学堂,后保送浙江讲武学堂。曾任孙中山大元帅府参谋部中校副官、黄埔军校教官。军校搞野外演习,校长蒋介石与苏联军事顾问加仑将军(加仑实为苏军元帅布留赫尔)观操,加仑即席发问,蒋鼎文对答如流。加仑向蒋介石推荐:"此人可重用。"蒋鼎文所部在平定广州商团叛乱、东征陈炯明、北伐战争、蒋桂战争、中原大战诸役中均立下殊功,有"飞将军"之号。蒋鼎文历任南京警备团长、浙东警备司令、第二军军长。后在国民党第五次全国代表大会上当选为中央执行委员,授二级上将军衔;抗日战争期间历任第四集团军总司令、西安行营主任、第十战区司令长官、第一战区司令长官、陕西省主席、冀察战区总司令等职。1944年,蒋鼎文所部在"豫湘桂会战"中败北于日军,损兵失地,舆论哗然,遂引咎辞职。嗣后于京(今南京)沪等地创办了宏业砖瓦厂、轮船公司等企业。1949年8月赴台湾后,又任"总统府"国策顾问等职。可谓"青出于蓝而胜于蓝"。徐老师当时评点蒋鼎文:"乃不可多得之学童,如能坚其宏伟之志,努力于学习,则前途无可限量……"这对于一个农家孩子自然是极好的勖勉与鼓励。蒋鼎文将军在抗日战争结束之后,向善后救济总署要来一批美国救济物资,像医疗器械及毛毯等,创办诸暨公立医院,造福桑梓,回报家乡父老。晚年的蒋鼎文在台湾筹建

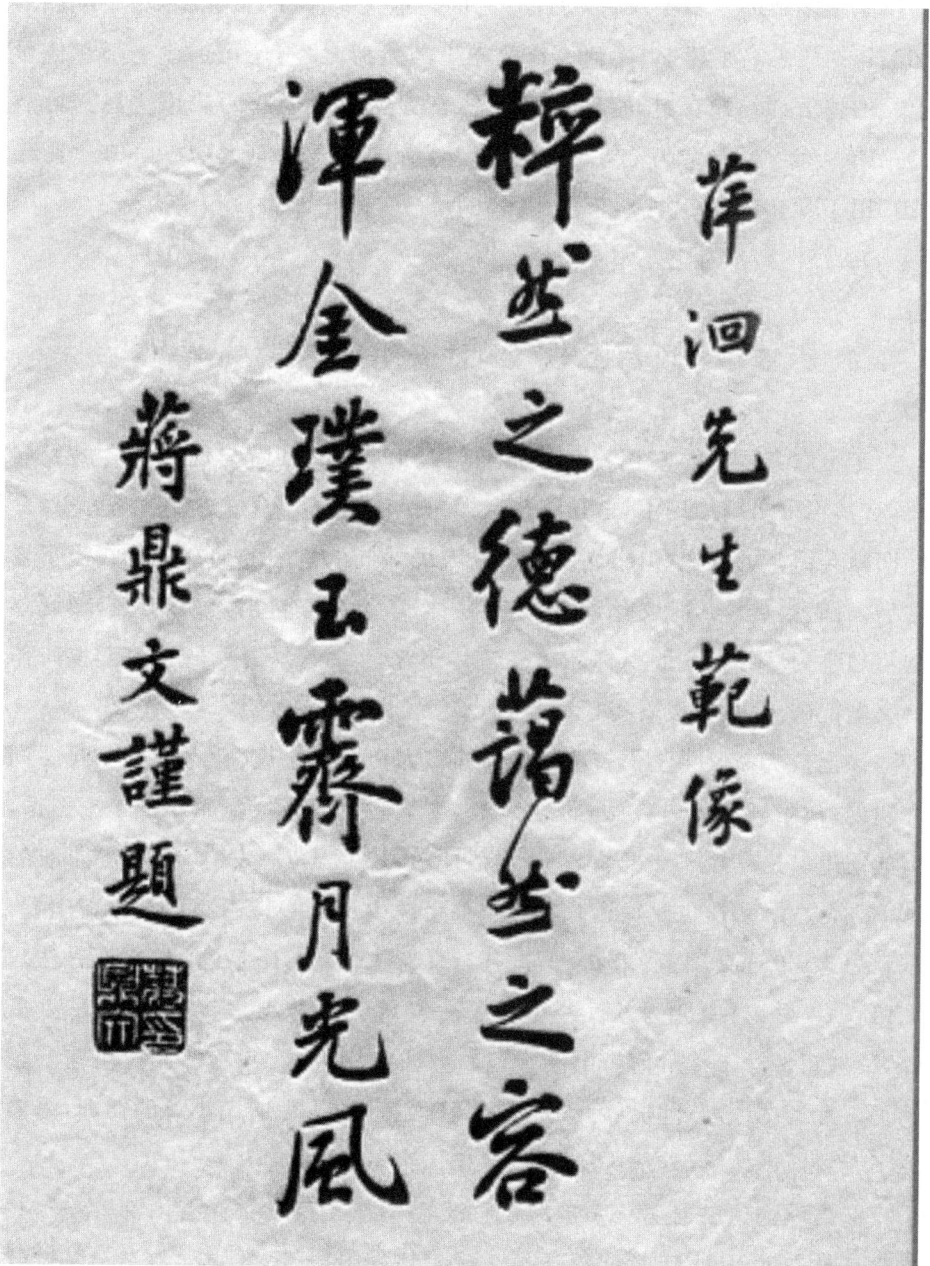

莘洄先生範像

粹兰之德蔼兰之容

渾金璞玉霁月光風

蒋鼎文谨题

蒋鼎文手迹

成立了"诸暨同乡会",被推为会长。他还捐款倡议设立文教基金,为诸暨同乡提供了很多帮助。多年以后,身在台湾的蒋鼎文将军在有关文章中曾经深情回忆当年在翊忠高小读书,受到徐道政先生的教诲之事,还记得徐老师在他作文上写的评语:"气如长虹,势若游龙。"他衷心感谢徐老师的栽培之恩。蒋鼎文1974年去世,被追晋为陆军一级上将,遗命坟墓要朝向大陆。语曰:"狐死首丘。"用于蒋鼎文将军身上,可谓用得其所。

第二节　向往光明勉后昆

走出农家之门的知识青年徐道政,深知时代的风尚与现代社会的发展潮流,有其不可阻挡的理由,也知道在这样一个历史悠久的封建专制国度里,要清除旧社会留下的污垢,追求光明自由是人民共同的意愿和向往。他在当了老师之后,时时以传承传统文化,弘扬民族精神,争取独立自由,自尊自强,摆脱落后挨打地位为培养人才的目标。这在流传下来的徐道政为乡邑有关学校所作的诗文歌词碑铭中,可以看得很清楚。

徐道政为斯民小学作校歌:"五指峥嵘太白东,上林文化孕育中。我辈同到光明地,快乐真无比。启我本能迪我心,自勉自尊万事成。愿我少年振振振,努力向前进。"这是鼓励少年同学澡雪精神,磨砺意志,奋发有为,积极向前的校歌,很有鼓动性;这也是徐道政在其教书生涯中历来坚持不懈地举办新学校,追求新思想,追逐新潮流,培养新人才,建设新文化,为了新生活的基本做法。他在《斯民校舍记》中亦为斯民小学作了一篇铭:"上林十里,巨族煌煌。孝子苗裔,肇基新簣。新簣伊何? 山模水范。穷彼高深,亦就我检。我检伊何? 公诚勤恒。百年之计,奕世永承。""公诚勤恒"四字,遂成为斯民小学的校训,熏染养成了无数斯民学子,秉承这样的宗旨,出应世务,奋发有为。

徐道政为诸暨县另一所有名的同文小学作了校歌:"允常旧都,南极勾无。竹简良材举世无,十年教训沼强吴。薪胆超霸图,拯民救国学愈愚。纵鼙鼓声声,还读我书。越山高,孤狮陡,浦阳深,流不污。教泽高深与之俱。"歌词中的允常是上古春秋时期越国的国王,在位期间颇有作为,越王勾践是他的儿子。

"学愈愚"是"学习文化为了改变(治愈)愚昧"的意思。此地山高水深,学校的教泽如同山水一样高深绵长,永久发祥。同文小学由同文义塾发展而来,义塾创建于光绪十二年(1886),取"同仁集成,以文兴国,以教育人"之意,故名"同文"。光绪二十四年(1898)改为同文书院,三十四年(1908)改为同文公学,辛亥革命之后改为同文高级小学。从民国元年(1912)起到民国三十二年(1943),办学成绩为全县之冠,得到省教育厅传令嘉奖。抗日战争末期创建私立同文中学。这首校歌便是诞生于抗日烽火中的"弦歌",为保存中华民族文化,培养战后重建人才,发挥了重要作用。1958 年学校升格为完全中学,改名为诸暨牌头中学。

有人说诸暨这个地方古今出了很多人才,并且有乱世更出人才的特点,这与诸暨人大多秉性刚直、做事认真有关。

第三节　学继乾嘉攻《说文》

我国文字(汉字)是世界上诸文明古国诸古代文字中一直沿用至今,没有中断和更替的独一无二的文字。汉文化即汉字文化,汉字为东亚周边诸国所共同使用,汉字文化圈由东亚使用汉字诸国(含近现代减少或废除汉字的国家)共同拥有,汉字研究亦为中国传统学术的支柱。自上古传说中的"仓颉造字"开始,汉字不断发展演变,不断孳乳繁殖,逐渐形成了汉字"六书"之学,成为汉字的专门学问。东汉许慎(字叔重,曾任洨长、太尉南阁祭酒)撰成我国古代第一部字典《说文解字》,为汉字之学树立了一座丰碑。此后的字书大多著述许慎遗轨而有所增加,如:晋吕忱《字林》(原书已佚);梁顾野王《玉篇》;宋司马光《类篇》;明梅应祚《字汇》;张自烈《正字通》;清张玉书等《字典》(后以《康熙字典》通行于世);民国欧阳溥存、陆费逵主编《中华大字典》;以及今人《汉语大字典》等。均是许慎之书的后续薪传者。清朝是学术研究非常繁荣昌盛的朝代,著述琳琅满目,层出不穷,后出转精,蔚为大观,乾隆嘉庆时期尤为繁盛,后世遂以"乾嘉学派"称之。此后虽稍有衰减,但未改其崇尚实学的主流。许慎《说文解字》也成为清学研究的重要文献与学术基础,研究《说文解字》名家辈出,乾嘉以来就涌现出研究《说文解字》的"四大家"与汇聚众家解说于一书的集大成者。四大家是段玉裁的《说文解字注》(简称《说文段注》或"段注"),桂馥的《说文义证》,朱骏声的《说文通训定声》,王筠的《说文句读》。集大成者是丁福保的《说文解字诂林》(简称《说文诂林》)。此外,还有许多对《说文解字》有独到见解的学者及其研究成果,更仆难数,散落于历史的风尘之中。到徐道政在求学过程中,对于许慎之文字学的普及与研究已经是清学之末尾阶段,而上承乾嘉学派之余绪,下开近代汉字研究之规范,开拓旧学的新领域新境界,就是摆在他那个时代面前的一道课题。徐道政把自己对《说文解字》的研究做了通俗化的解读与概括,主要是将汉字部首做了简洁明了的分析,以四言诗、五言诗的形式,便于诵读记忆,写成了《说文部首歌括》,此书开宗明义,在书首编辑大意中即说明编写缘由:"读书必先识字,识字必先识字母。我国古时,儿童八岁入小学,教之以六书。虽其教授法不传,要必自识字母始。"又说:"我国文字,虽未明言字母,如英文之二十六字,日文之五十一字,然许书部首五百四十字,足以当之。今之读东西文者,必先识其字母。至于汉文,则错杂识之,无惑乎字义不识,而古书难读,古意浸失①,文明退化。"举此两段话,以便窥豹之一斑。总之,其编写之旨,是以《说文解字》部首五百四十字作为汉字的"字母",以此书作为小学启蒙识字教育的入门阶梯。其认识与评价汉字之倾向,是当时中国知识界流行的西洋文字优秀,汉字难学难认难用的"三难论"。为了变难为易,而利用《说文部首歌括》作为学习汉字"字母"的入门,将《说文》五百四十个部首当成汉字的"字母",如此由易到难,循序渐进,提高学习的效果。此书由山阴汤寿潜鉴定,萧山王履咸题签,于光绪三十四年(1908)六月由上海会文学社以石印本出版发行,嗣后由教育部门定为初级小学教科书。《说文部首歌括》石印本书缝中印有"中小学课本"字样,可见当时不仅充当小学教材,还充当中学教材。《诸暨县志·徐道政传》称"辛亥革命后,考入北京大学,专攻中国文字学,深研许慎《说文解字》,批判各家注释,尤纠段玉裁(指段氏《说文解字注》)之谬。在教学实践中,以诗歌形式阐述中国文字结构,积成《说文部首歌括》一书"云云,这是将徐道政执教诸

---

① 古意浸失:浸是逐渐、渐渐之意,古浸字。古意浸失指识字效率不如西洋文字和东洋文字,传统典籍读不懂,不愿读,就会逐步远离经典,远离传统文化精华。

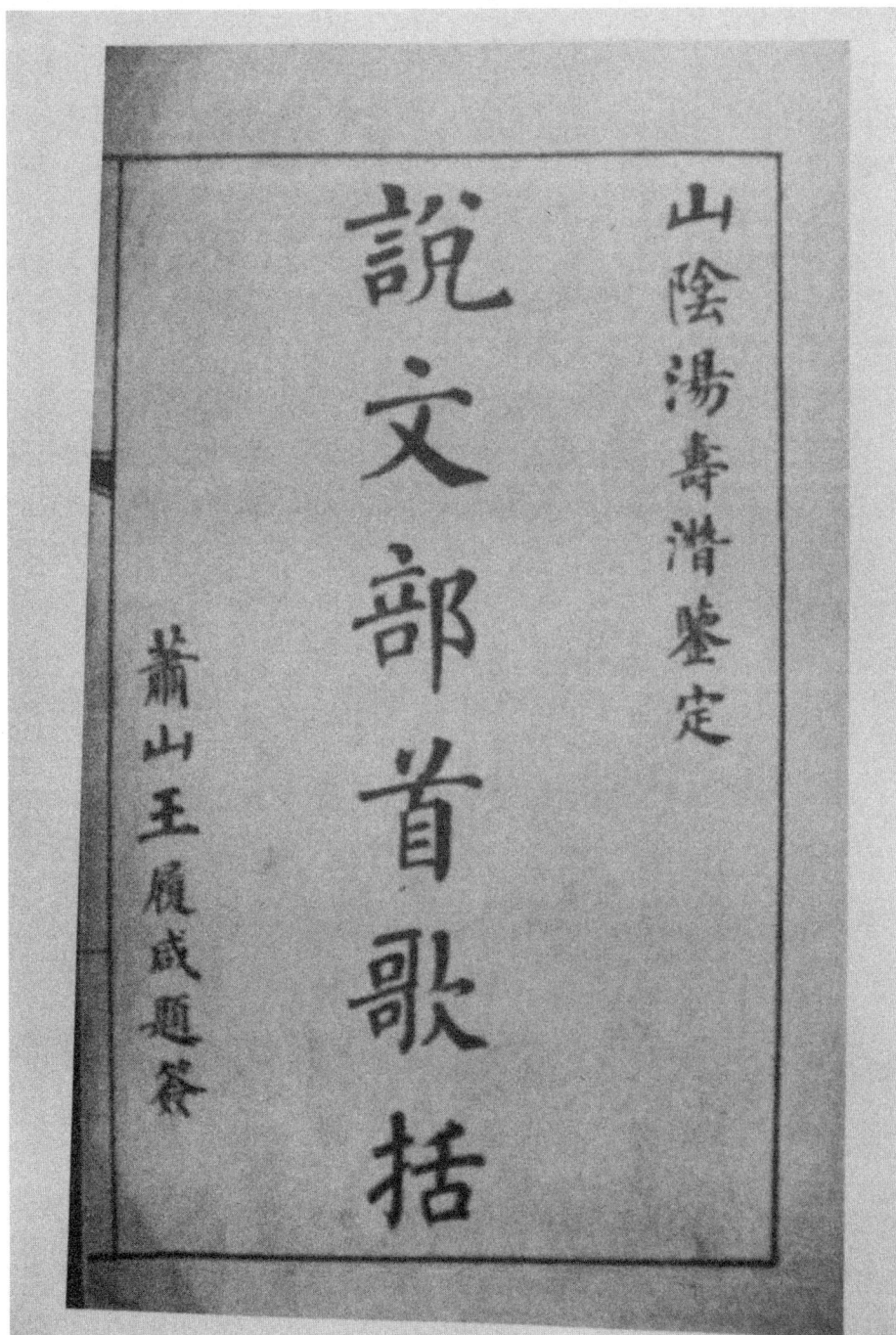

山陰湯壽潛鑒定

說文部首歌括

蕭山王頤戩題簽

说文部首歌括

暨乡邑小学堂蒙童识字课程,与其多年后进入京师大学堂(1898—1911,后于1912年5月4日改名北京大学)深造中国文字学等综括言之,但在时间表述上易致人产生误会,以为徐氏入北大在前,著作《说文部首歌括》一书在后。以此话题附及之。

第三章　学高为师立范型（浙江两级到六师校长）

　　由于受鸦片战争以来一系列不平等条约所导致的丧权辱国事件的强烈刺激，举国上下反思敌胜我败的缘由，从皇室到平民形成了中、西对比而产生的学习西方乃至崇拜西方的思潮，其中对于教育现状的强烈不满要求改革教育的呼声很高。如现在被当作现代语法学开山鼻祖的马建忠所著的《马氏文通》，实际上就是这个背景下的产物。留洋学生马建忠发现西方学完小学学生掌握常用文字的过程较之中国学生短，认为西方语言文字优于汉字，想弄清楚汉语语法结构，提高汉语学习效率，缩短基础教育时间。同时，文化教育界还在汉字简化、研究拼音方案、速记等方面做过积极探讨。在此形势下，光绪二十九年（癸卯，1903），张百熙、张之洞、荣庆等上《奏定学堂章程》，又称《癸卯学制》，制订并在全国推行初等教育、中等教育和高等教育的学制，规定了各教育阶段的课程设置、教育行政管理诸事项，对于清末推动教育改革发挥了重要作用。后来清政府设立专管全国教育事务的衙门学部（相当于后来的教育部），也是这种时代潮流之下的产物。该《章程》包括《学务纲要》《大学堂章程》（附《通儒院章程》）《优级师范学堂章程》《初级师范学堂章程》《实业教育讲习所章程》《各学堂管理通则》《任用教员章程》《各学堂奖励章程》等。其中规定"宜首先急办师范学堂"："师范学堂，意在使全国中小学堂各有师资。此为各项学堂之本源，兴学入手之第一义。"又指出："学堂必须有师。……若各州县小学堂及外府中学堂，安能聘许多之外国教员乎？此时惟有急设各师范学堂，初级师范以教初等小学及高等小学之学生，优级师范以教中学堂之学生及初级师范学堂之师范生。……

查开通国民知识,普施教育,以小学堂为最要。则是初级师范学堂,造就教小学之师范生,尤为办学堂者入手第一义。特是各省城多有已设中学堂、高等学堂者……则优级师范学堂,在中国今日情形,亦为最要,并宜接续速办。"在此形势下各地纷纷将书院改成学堂,以适应社会发展的需要。根据《章程》的精神,各州府要设立一所普通师范学校(简称普师),培养高级小学甚至于初中程度的师资;在此基础上,民国初年,教育部继续施行这一教育改革思路,规定各县要设立一所简易师范学校(简称简师),培养初级小学师资。民国初期还对女子师范教育做了大力改革,要求各地设立女子师范学校。这为之后师范教育的进一步发展做了很好的铺垫,如到了20世纪30年代,就从男女分校读书,逐步向男女混合招生转型。师范学校的命名也是逐步改变的,从起初的州府中学堂分设师范科或者简易师范科,到民国早期的独立办学的师范讲习所(有的劳技型专门学校也称传习所),再到师范学校,按照州府在省内排列次序命名为第一师范学校、第二师范学校、第三师范学校等等。像毛泽东当年读书的学校就是湖南第一师范学校,即长沙府为学校所在地的师范学校。浙江也是如此,在杭州府举办了浙江两级师范学堂,后来改名浙江第一师范学校,简称浙江一师。台州府在浙江省排列第六,称浙江省第六行政专员公署,台州中学称为浙江省立第六中学,台州师范学校称为浙江省立第六师范学校。

第一节　浙省上庠发轫初

徐道政从小"劬学"(此为热爱读书、刻苦治学之意),在诸暨著有名声。宣统元年(己酉,1909),在诸暨执教多年、育人有方又编著了《说文部首歌括》的徐道政应邀前往浙江两级师范学堂(1913年秋改名为省立第一师范学校)任教,时年四十四岁。他在《得古琴记》中说:"岁己酉(即宣统元年),教授浙之两级师校。"即指此事。他在校内任务是执教优级中国文学科,与他教同一课程者是著名学者、书法家沈尹默,同时同科的同事还有马叙伦、朱希祖等人,校长夏丏尊执教日本语课。在此他还认识了著名学者会稽马一浮。这在当时可谓名家济济,英才荟萃了。只是他第一次应聘浙江两级师范学堂为时很短,前后不足一年,甚至可能只有一个学期。翌年(庚戌,1910)春天,盖因"学然后知不足,教然后知困"的徐道政再上北京,入京师大学堂深造,肄业经科,研古周礼,"中经丧乱,漂泊南北",到癸丑岁(民国二年,1913)秋,"复应第一师范之聘",这是从北京肄业归来后再次获得第一师范学校聘任教职,徐道政的感觉是"飞飞劳燕,息心旧巢",表现了欣喜如归的感受。他在浙江一师再次受聘期间,主讲课程是国文,如今还有保存下来的徐道政国文讲义,包括"词章"和"小学",可见国文课是兼有"语言文字学"与"文章学"的内容,也就是贯穿着"义理、考据、词章"的综合性学习训练。除了教学任务之外,徐道政还主持《浙江第一师范校友会志》的编纂工作。他在《浙江第一师范校友会志序》中说:"徐子编辑第三号校友会志竣,时则鶗鴂先鸣,百草芳歇,凉飙时至,万族悲秋。",则在是年秋天,是该时期执教一师所留下的痕迹。而且这一次应聘浙江一师任期较长,前后总共四年。他在学校里也颇受信任,展露其长于国文、小学的特点。清末通国内主流学术(以乾嘉学派为代表的考据之学)重镇已经从乾嘉时代的吴派与皖派转移到浙江,形成浙江学术作为清学殿军的三大代表人物,即德清俞樾、瑞安孙诒让和余杭章太炎,可谓巍峨高山,景行行止,而浙学已经执当时学界之牛耳,通经贯史,精研小学,成为士子就学通衢,徐道政亦步前贤之踵武,主攻经史,而以小学为基。因为时代移易,西学东渐,加上新学说新思想新方法的吸收,特别是再上北京入京师大学堂深造,接受中西学术文化的熏陶,较之此前学者,眼界与视野自有拓展,所以后人称赞徐氏在中国文字学上有力纠前贤的一些说法,如批评清朝《说文解字》四大家之首的段玉裁。实际上,徐道政研究《说文解字》是他中、西学术相结合的一个雏形,他以中、西文字比较,用《说文》五百四十部首与西洋拼音文字中的字母相比较,力图找出学习汉字的一套科学方法。他在一师执教时期正是学以致用、研究汉字结构的重要阶段,这个阶段研究的成果便是民国六年八月出版的《中国文字学》教材,这本教材后来在他在六师执教期间采用,给学生留下深刻印象。徐道政又是传统文人出身,琴棋书画,所谓"秀才四艺",除棋艺未见其留下文字外,其他样样精通,当行出色,诗词歌赋,同样是他的拿手好戏。他喜欢作诗,长篇短章,时有新作,与诸同事以诗会友,交流切磋,共话风雅,有很多的共同语言,容易引起共鸣,也很投缘,所以在此期间与多位同事一道加入南社,发表诗作,成为南社活跃成员。

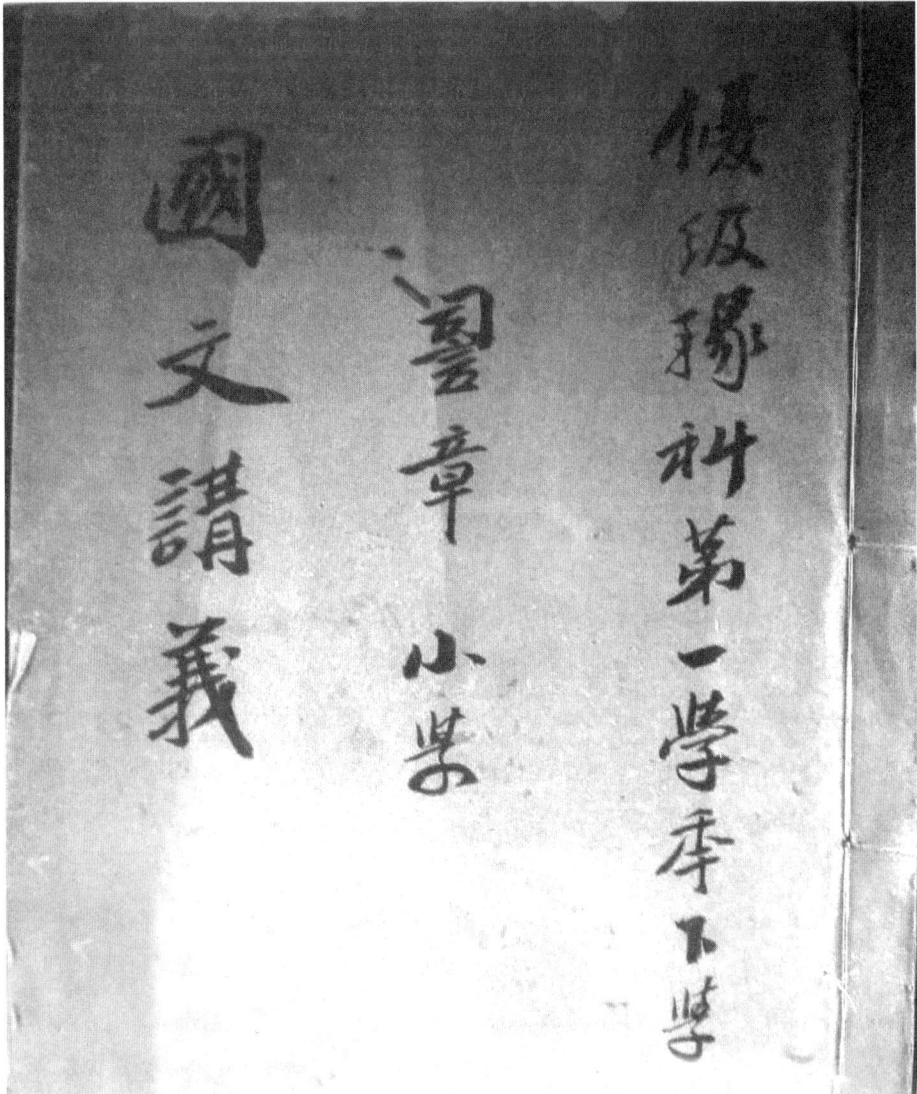

国文讲义 1

國文講義

諸暨徐道政平夫編輯

大恉

欲强中國則不得不講新學然不光以舊
學固其根柢端其趨識棄其本而末是摹是何從見
地絫之菁滯而故移其枝以接槁幹見他并之汩誦
而欲汲其流以實醫漑乎南戌張相國愛中學之將
廢也儰為守約之説以薄之其言曰儒術危矣以言
乎迎我不可不鑒於日本以言乎遠我不可不鑒於
戰國音戰國之際儒術武為其學諸家師朝蒼讀司
馬説之論六家要指而得其故鼯其說曰儒家者流
博而寡要勞而少功何以審要少功由於有博無約

徐道政在此番应聘浙江一师期间,据徐主编《大成徐氏宗谱》所载的徐道政本传,他所担任的教职还"历充"高等法政学校国文教师之职。考法政学校兴起于清末民初,浙江法政学校于此期间有两所规模较大,一所官办,一所私立,都在省城杭州。官办者起始于光绪三十二年(1906)秋,由浙江巡抚张曾扬在此年五月朝廷再次向各省催促举办法政学堂的谕令后,利用马坡巷原军装局房舍开办法政学堂,初名浙江官立法政学堂,指定会办许邓起枢负责招生开学诸事,于翌年春季开学。民国元年(1912)学堂改名为浙江公立法政专门学校,学校发展迅速,规模很大,在校生已达一千七百一十四人,是当时办学规模上的"航母"。同时增设本科,学制三年,加一年预科,合计四年。到民国三年(1914)获得国民政府教育部备案。民国十三年(1924)实行壬戌学制之后,改名为浙江省立法政专门学校。民国十八年(1929)教育部通令全国:"法、医两科之设立,只限于大学或独立学院。"民国二十年(1931)最后一届学生毕业,学校撤销。另一所私立法政学校与官立学校几乎同步,光绪三十三年(1907)八月,浙江巡抚曾韫向朝廷转奏陈敬第(字叔通,后以字行)等人所拟准办私立法政学堂呈文,宣统二年(1910)六月,学部议复"各省会地方经费充裕及课程完备者,准设私立法政学堂",本年遂推举陈叔通为监督(当时校长通名监督),八月开学,位置在杭州西大街旧铜元局,有教员二十一人,职员六人,规模较之前者要小得多。民国元年改名为浙江私立法政专门学校。民国三年,宁波公立四明法政专门学校、绍兴私立龙山法政专门学校并入浙江私立法政专门学校。民国七年(1918)浙江私立法政专门学校并入浙江公立法政专门学校。徐道政从北京大学毕业回到杭州,应聘浙江一师教职,到民国六年(1917)秋"奉檄"长六师校(奉命担任六师校长),前后四年;民国六年到九年,徐道政在台州府城临海担任省立六师校长,到他卸任校长后回到诸暨老家,开始经营其"菟裘"工程——射勾山房的建造,并优游林下,为乡里、为桑梓做宗谱、编县志、辑《诗英》、整理别集(《勾无山民诗钞》七卷)等,而且从台州回归诸暨之后,年龄越来越大,出去担任法政专门学校教职的可能性越来越小;再说法政专门学校到民国十八年停止招生,他去教课的时间也没有了。由此看来,他担任高等法政专门学校教职最大的可能便是担任一师教职这一时期,而在徐道政的《六十生日作》及其他有关生平记载材料中均未再见到任教于法政专门学校之事,所以综合上述情况,徐道政所担任高等法政学校国文教师的职务很可能是兼职教师。

徐道政在前一次任教两级师范学堂时,就与著名学者马一浮(1883—1967)结交,前往马氏寓舍造访,见到马氏案上古琴,心生欢喜,但无暇学习古琴演奏。从后来发展的结果看,这次造访马一浮湖上寓舍,是种下古琴缘分的重要前因。到任教一师之明年(1914)春天,耳闻嵊县张味真善古琴,正好张味真有事来杭州,徐道政就前往张味真下榻的旅馆造访,"一见如故,为予操(演奏)《平沙落雁》《归去来兮》"等曲,徐氏被他的琴声深深地吸引住了:"泠泠然使人意消",曲终之后与张味真交谈请教:"问曰:'仆于此道,可得闻乎?'曰:'可。'曰:'何由知吾可也?'曰:'于子听吾琴也知之。其容木,斯其志嫥(专字的古字。《说文》:嫥,壹也。从女,專声。段玉裁注:"凡嫥壹字,古如此作,今则專行而嫥废矣")。吾一再鼓之,而子悠然若有所会,吾是以知其可也。"意思是,徐道政问:"像我这样的人能够学习古琴演奏吗?"张味真说:"可以。"徐问:"你从哪里看出我可以学琴?"张说:"从你听我弹琴的样子上觉得你行。你听琴时表情木讷,是听得投入,心无旁骛所致。我弹奏了一曲两曲,你好像神情高远,深有会心,所以判断你有学琴的秉赋。"张味真的赞许与肯定给徐道政很大的鼓励,增强了他学习古琴的信心。于是"北面受业焉",拜青年学者和浙派古琴大师张冶(字味真)为师,学习古琴演奏。学了十来天,徐道政想自己买把琴来弹。张味真说:"琴一定要古(意为越有年头的越好),因为它的木汁都挥发完毕,而音质清亮激越,听起来有厚度。你想买琴的话,云居山大休上人(和尚)很懂古琴,他曾经见到万宝斋有一把很古老的琴,因为无弦线,不知道它的音质怎样,没有买来。我与你一起去看看,如何?"徐道政与张味真就上门看琴,远望所见,琴色黯然,好像刚出土的一般。走近一看,琴身上的木纹隐隐可见,琴面上还有不少粟米大的、绿豆大的小孔,还有一些琴足缺失,其他配饰都很古老。反面一看,琴腹写着篆字"韵磬",是此琴的名字,下面有二十八字铭文:"养君中和之正性,戒尔仇欲之邪心。乾坤无言物有则,吾欲与子钩其深。"落款是"晦庵"两字,晦庵是宋朝大思想家朱熹的字(也有可能是别人的字,天下不同名而同字者亦非罕见)。铭文下所钤的印章是"云谷道人"四字。张味真试了它的声音,十分高古,不是普通之物。店主说:"这是别人的琴,放在这里代卖,要价十二两银子。"徐道政就没有还价,很高兴地把琴抱了回来。请马一浮试音,马一浮说:"这把琴肯定不是普通的琴,我虽然不敢保证它是朱熹先生的遗物,但看它的纹路,总归是五百年以前的古物,这是毫无疑问的。"于是徐道政就将此琴补上缺失的琴足,弥补了琴面上的孔洞,再给它髹上油漆,张上弦线,显得面貌焕然一新,挥手弹奏,精光射目,声音激越,动人心魄。自从得到这把古琴之后,徐道政寄予极大的热情,每到山水佳胜之处,就喜欢拿出来弹奏,以抒发内心慷慨苍凉之情,以助游兴,消散情怀与神思,求得思想上的逍遥与排解。后来在数处文字中夸赞自己得到了一张朱熹的古琴,其欣喜之情跃然纸上。到了民国五年(1916)夏天,张味真还到杭州,住在西湖图书馆中,与在馆管理的项士元成为邻居。项士元得知张味真"工操缦"(缦指丝弦,即工于鼓琴),"马一浮、徐病无常从其学琴。予因此得识二君"(项士元《项慈园自订年谱》上),可见徐道政跟着张味真学琴多年,后来还聘张味真到临海省立六师担任国文教员,结下琴缘,难舍难分啊。这是徐道政在浙江一师执教时期铭记不忘的赏心乐事,对他之后的人生历程都产生了深远的影响。

另外,他在一师时还担任校刊编辑,掌握舆论导向与学术交流平台之职。由于职位需要他多动笔,加之他秉赋多才,情丰藻艳,每当触景生情,心有所感,便会形诸笔下,就这样喜欢撰写文章、诗歌,也自然而然地促使他多研究问题,多评论与交流。因此他在此期发表了较多的诗歌与散文作品。这是他一生中比较开心而得以施展才华的一个阶段。

第二节　京华游学造诣深

徐道政于执教浙江两级师范学堂之明年(1910),以四十五岁之际考入京师大学堂深造。求学的主要内容,其自述为"肄业经科,研古周礼"(《得古琴记》);徐道政在《行述》中记载道:"宣统元年,京师初开分科大学。不孝请于府君,肄业经科。"以上均为徐道政自述材料,另有一种旁证材料见诸徐惟清《大成徐氏重辑宗谱溯源序》:"辛亥春,宗谱重葺,族弟道政以孝廉入都城经科大学四学期,暑假南旋,校正文集,作序示余。本保种合群新主义,为敬宗收族大文章。"此序作于宣统三年(1911)辛亥秋月小重阳,正是徐道政南归省墓,医治父病痢疾之年，与徐道政自述材料相吻合（但序中"四学期"云云或有讹误，此处不拟展开）。因此徐道政执教浙江两级师范学堂为时仅为名义一年，其中缘由未见其诗文记录，如上一节文中所述，只是笔者旁观之感而已。按京师大学堂开办分科大学之事，共开办经科、法政科、文科、格致科、农科、工科和商科七个科，经科有《诗经》《周礼》和《春秋左传》三门。关于这一段重上京华，入于京师大学堂深造，他的诗里是怎么写的呢？徐道政《六十生日作》诗云："子云年四十，西笑上华京。抠衣入太学，连袂写石经。著书仿周礼，考文析李程。"诗中"子云年四十，西笑上华京。抠衣入太学，连袂写石经"，以汉朝文学家、学者扬雄（字子云，汉代大赋代表作家，与西汉司马相如齐名，学术著作有《太玄经》《方言》）自比，扬雄以多识古文奇字闻名，故杜甫《醉时歌》有"相如逸才亲涤器，子云识字终投阁"之句；华京即京华之倒文，以合辙押韵；太学本指古代国家最高学府，在此比喻京师大学堂；其连袂入太学、写石经者，即诸暨同乡好友宣澍甘（1858—1910，谱名懋甫，字雨人，号时生，惜阴堂主人，浙江诸暨人，清末著名学者、文学家、文字学家、书法家、教育家），以宣澍甘学有根柢，深于小学（文字、音韵、训诂之学，现代通称语言文字学），1876 年十九岁时浙抚学使郡试列前第，成为优廪生，调入省城杭州诂经精舍，肄业于国学大师俞樾先生门下。1888 年诂经精舍毕业，到上海书肆任编辑、总纂，编校《四书五经》等大量经籍；同时编辑《二度梅》《金兰筏》等长篇章回体白话小说。1898 年会同乡贤周介石等开办同文书院。1900 年执教象山民塾（即斯民小学前身），成为当时诸暨著名新派教师。癸卯年（1903）恩科中式第八名举人，可惜会试下第。宣澍甘书法功底深厚，尤长于篆书。可能有过卖书（法）为生的经历，其恩师俞樾为之撰写《惜阴草堂篆书润例》，也就是篆书书法的价格表。1905 年清廷加赏五品同知衔诰授奉政大夫。据其年谱记载：宣澍甘 1909 年考入京师大学堂经科《毛诗》门，课试每冠其曹，为同学所重，著《说文声母歌括》一部，该书被董莲池收入由他主编的《说文解字研究文献集成》，由作家出版社于 2007 年出版。如此看来，徐道政与宣澍甘有可能早在象山民塾（即后来的期民小学）执教时就有机会认识，到考举人时则成为"同年"，都喜欢研究经史考据之学，有共同兴趣爱好，故两人交谊深厚。宣澍甘考入京师大学堂虽则与徐道政应当同时（记载微异，徐 1910 年入学），但科举考试成绩是宣氏居优，并在光绪三十一年（1905）由朝廷赏给五品同知衔奉政

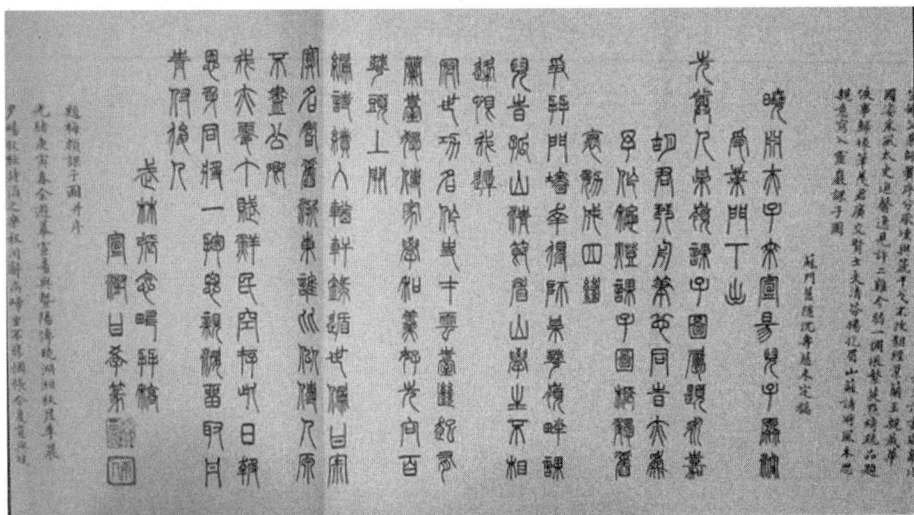

宣澍甘《梅嶺課子圖》篆書照片

大夫（虚职），其地位与资历则是徐道政所难以匹敌的。以至于宣统二年（1910）暴卒于北京，徐道政为经纪其丧事，归葬诸暨老家，曾经七夜未眠（详见下文）。徐道政与宣澍甘同窗共读，志趣相投，相互促进，可谓"意甚相得"。这一阶段学习兴趣与主要研究方向，集中于古代礼仪、经史考据之类。其间与同乡好友宣澍甘作伴同行，同出同回。他说："庚戌之岁，余与宣君同肄业京师大学堂经科，暑假同回籍，假满亦同赴京。"（《宣君雨人同年病记》）那么可知徐道政是在本年春季进入京师大学堂。这段话可以为"连袂"之人提供有力的支持，像前文所述徐氏作《说文部首歌括》一书，与宣澍甘之作《说文声母歌括》一书题名何其相似。由此可知，徐道政与宣澍甘两人在赴京入京师大学堂之前即相互切磋学问，研究《说文》，一个专攻说文部首，一个专攻说文声母，各成一书，作为学生识字入门教材。然而世事难料，人生无常。秋初返京之后，宣澍甘于八月初九日（阳历9月12日）在从东安市场返回途中，走到北河沿东摔倒，"擦伤肘皮，问之亦无所苦"，到"十一日，忽起病"，徐道政为他请来医生诊治，但是并无效果。后送到同乡斯兰馨家吸食鸦片，宣氏的病情有所缓解，转好，到十月份病情减轻，就返校复学，参加考试，十门课已经补考八门；十一月二十日在准备考第九门时，突又病发，校医治疗无效，挨到二十七日（12月28日），终告不治身亡。徐道政为照顾宣澍甘病情，直到气绝送终，不离不弃，"夜不寐者七夕，身困倦甚"，身为同乡好友,"以谊无可诿,乃扶病而终事"(《宣君雨人同年病记》)。

翌年(宣统三年,1911)五月,徐道政因为牵挂其父身体,从北京回到诸暨老家省亲。徐春岳此时应友人叶雪庄(徐道政称之为世伯,可见徐、叶两家为世交)之邀,到街亭镇叶家开设诊所。街亭镇在诸暨县城南面,距离县城大约二十里,距璜山镇二十余里,有一条开化江流过,通向诸暨县城,其上游为从东白湖流来的陈蔡江和从徐道政老家璜山流来的璜山江,三江汇合之处形成一个三江口,是当地水陆交通咽喉,也是一处物资集散地,此地"当婺杭之冲(正处于金华到杭州的交通要道上——引者),四方人物辐辏",商贸繁荣,集市之日,方圆二三十里乡民都来赶集,真有"人如流水马如龙"之盛况;加之徐春岳医名又很大,所以前来就医者"户外屦常满",业务十分繁忙。徐春岳亦于此得以大显身手,大施仁术(语出《孟子》"医者仁术也"),"一一治之,兼施药焉",而这时可能是他年龄大了,身体衰弱,在街亭患上痢疾,神情委顿。徐道政将父亲接回家里,调养了一阵子,痢疾就痊愈了。他对父亲说:"你现在年龄大了,身体也不比从前,要不就在家里做些轻松愉快的自己喜欢的事,享几天清福吧,不用再到外面去辛苦做事了。"而他的父亲说道:"我本来就没有什么毛病,你只管自己专心读书,不用牵挂我的身体。"一再催促徐道政重回北京复学。到了十一月底(阳历12月底),徐道政突然接到家里来的信息(当时最快的是电报),说父亲已经卧病在床,不能起身了。因此立即请假南归,一到杭州,就听到其父已经不治的噩耗。于是连夜赶回家奔丧,才知道其父亲已于十一月二十八日巳时魂归道山,享年六十有八。也才了解到其父卧病时,家人想发电报叫徐道政回来,父亲不肯,到易箦(病人临终,要将其床席移开或换掉,代称临终)之际,还嘱咐家人说:"我儿子喜欢读书,不要轻易发电报叫他回来,等出殡之后再写信告诉他就可以了。"这让徐道政更加"痛贯心肝,痛当何及",所以在《行述》中写道:"以故不孝不及亲视含敛。乌乎痛哉!乌乎痛哉!"其父在其母死后一直未续弦,孤身独守,为人慈爱节俭,他外出诊治,吃饭多是豆腐醮盐下饭,即使有佳肴美馔,也不肯享用。穿着极其朴素,终身没有穿过皮大衣。但是凡有施舍善事,他都乐意解囊,像他老家黄畈阳村西南山中有个地方叫蔡崖,十分幽深险峻,人迹罕至,是修道者乐游之地,来此隐居,徐道政的祖母楼孺人叫他在此地修筑茅庵,这处茅庵后来发展为一个寺院,叫作福田庵,徐春岳便是此庵的开山鼻祖。他的母亲楼孺人信佛,在家里长斋绣佛,徐春岳亦信佛长斋,熟读《金刚经》《心经》等佛经,所以诊治行医中多有施药行善之义举。徐春岳身殁之日,远近知者多为哀伤流泪。父亲身殁之后,徐道政在附近梅花溪上为筑忘怀草堂,把这里建成花竹茂盛,相映成趣,"颇擅山水之胜"的一处修身归隐养老佳所,以缅怀其辛苦而慈爱的父母。

在料理完父亲丧事之后不久发生了以武昌起义为标志的"辛亥革命",推翻了封建帝制,满清政府被迫退出历史舞台,中华民国应运而生,以孙中山为代表的国民党人在南京建立了中华民国临时大总统府,孙中山于1912年元旦正式宣告就任中华民国临时大总统。可是北京满清政府还未交出政权,袁世凯与清廷谈判,保证优待清廷,由袁世凯为代表签订政权交接协议,宣告统治中国两千多年的封建专制的终结。袁世凯以天津小站练兵为基础的北洋军阀以及北京政客,多支持袁世凯来接盘,于是南、北两方摆弄交锋阵势,导致南北军阀混战,生灵涂炭。后来南京政府交出政权,南北议和达成,民国首都迁到北京,方才告一段落。这大概就是徐道政在《得古琴记》中所说的"中经丧乱,漂泊南北"的主要原因。"箸书仿周礼,考文析李程"(箸即著字,前贤书写从竹从草常通用,如等又作荨,第又作苐,是其例)两句,是写自己在京师大学堂学习的主业是研究"古周礼",这是他为写作《周礼札记》六卷所做的铺垫。"考文析李程"是指考察研究汉字源流及其字体的演变,诗中的"李程"指历史上对汉字字体演变做出重大贡献的秦朝李斯和程邈。李斯的主要贡献在于统一六国文字,改成小篆字形,即所谓"秦篆"字体成为正体字,在全国实现"书同文";程邈的主要贡献是将书写较为不易的篆书改为较易书写的隶书,改变了原先以描画为主的篆书曲屈回环的形体结构,实现了汉字书写上的一大变化。蔡邕称之为"删古立隶文",在中国文字学史上"李程"并称。徐道政在京师大学堂学习三年,从庚戌入京到癸丑再应浙江一师之聘任教职正好三年,前文所述徐自宣统二年入京就学,宣统三年五月南归省亲,十一月南归葬父。宣统三年还有《大成徐氏续修宗谱序》载及"宣统辛酉,大学京师,士论尤杂"云云,这里的"辛酉"是误记,宣统年号共享三年,其第三年甲子是"辛亥",即辛亥革命那一年,而徐道政"辛亥"年还在京师大学堂求学。又此序云:"是岁六月,南归省墓,适族修宗谱……而诸父兄独以叙(序之避讳字)命(徐道)政。政……爰本鄙意而为之叙。"序末落款作"时宣统三年闰六月十七日，第十八世孙道政熏沐谨撰"，宣统三年闰六月十七日是阳历 1911 年 8 月 11 日，时值盛夏酷暑，正是辛亥革命前夕。这次南归省墓云者，与上文"五月归省"，实为同一次行程，即为其父治疗痢疾。而为故里新修的《大成徐氏续修宗谱》作序，也是适逢时机巧合。止缺民国元年（1912）与民国二年上半年行止，尚待寻觅史料。如此前后排列比较，事与时都可严丝合缝，一一对应，所以正好是"一朝生死悲黄鹤，三载京华苦钻研"。其学习的结果是获得北京大学文学士学位。这个学位在徐道政的工作与生活中使用得不多，今天所见亦很稀罕，只看到两处：一是徐道政的《中国文字学》一书中开头《文字学初编》，下署"文学士诸暨徐道政编"，此书出版于民国六年（1917）八月，武林（杭州别名）印书馆出版发行，石印本；二是徐道政所撰《斯民校舍记》落款："中华民国十八年桂月，清举人、北京大学文学士、邑人徐道政撰。"其他文字资料中极少见此衔头。

出之于民国己巳（1929）重修的《暨阳上林斯氏宗谱（孝义堂）》。另《诸暨县志》载徐道政"辛亥革命后，考入北京大学，专攻中国文字学，深研许慎《说文解字》，批判各家注释，尤纠段玉裁之谬。所撰《中国文字学》为学界所重。毕业后，应台州师范之聘，出任校长多年"云云，有两处表述存在明显失误，需要引起注意：一是徐道政"考入"北京大学（前身是京师大学堂）是在辛亥革命之前的庚戌年（1910）春季，考试时间可能更早，而不是辛亥革命之后，专攻术业为"古周礼"——徐道政著有研究"古周礼"的成果《周礼札记》六卷，只是该书"待梓"（等待出版）而未正式出版——而不是《中国文字学》，文字学是专攻"古周礼"的工具。虽然徐道政从北大肄业之后所出之书为《中国文字学》，但属于在北大期间专攻古周礼的副产品。另一处是徐道政于北京大学"毕业"之后所得应聘之职为浙江第一师范学校，前文已述及之，到台州师范学校（当时校名为浙江省立第六师范学校）出任校长，是民国六年（1917）秋，到民国九年（1920）夏去职，首尾四年。徐道政上任台师校长距其北大"毕业"已有四年之久，所以称徐道政于北大毕业后应台州师范学校之聘，出任校长多年，就不够严谨密合，容易误会。

就现存徐道政诗歌来看，徐道政在京师大学堂求学期间，顺便游览京师名胜，与同学朋友于学业之暇，亦不废登临。如《游颐和园同卢临仙田多稼》长诗，便是某日游览颐和园的即景创作。据诗中交代，此次游园兴致甚浓，走了很多

文字學初編

文學士諸暨徐道政編

緒言

南闈之學，炎漢以來，沒於鳴沙碓石之中，不絕如綫。楚金兄弟實承絕學之傳，亭林諸公未見繫傳之例。前清崇尚經學，碩彥雲蒸。金壇段氏最為大師，安邱王氏別樹巨幟。其餘為程之嚴，曲阜之桂，亦皆輯有成書，洞究散旨。至若明六書之一義，綴篇藝於千秋，執圭而覿視子男，操戈相攻，亦稱諍友。海內傳書，不可殫述。然而汗牛難勝窶豹，不易訓古，則一字不下十萬餘言，綜貫則十年難盡，十三萬字，非綜眾說無以折衷；非抉英搜繁，無以研鑽，泪沒不反。亦百年以來講文字學者之病也。今編師范講義，二者既瞭於心目，然後進而通古今之隔閡，識古篆籀之原委以聲類求義類之樞紐。由淺及深，事半功倍，別伸觸類，存乎其人。

委以聲類求義類之樞紐。

區分部首之義例。

文字學次第

解六書之區分 通古今之隔閡
晚部首之義例 識古篆籀之原委
以聲類求義類之樞紐

文字學之肇興

上古結繩而治，大事結以大繩，小事結以小繩，此為無文字之紀載。河出圖，伏羲觀

文字學

一

文学士徐道政

孝九百六十九名 尚書 字平甫 號 病無別號 句

無山民 學名道政 光緒癸卯舉人 北京

大學文科畢業得文學士學位 歷充浙江

兩級師範及高等法政學校國文教師 又

任浙江第六師範校長 著有說文部首歌

括一卷 中國文字學二卷行世 句無山民

詩鈔七卷 周禮札記六卷待梓

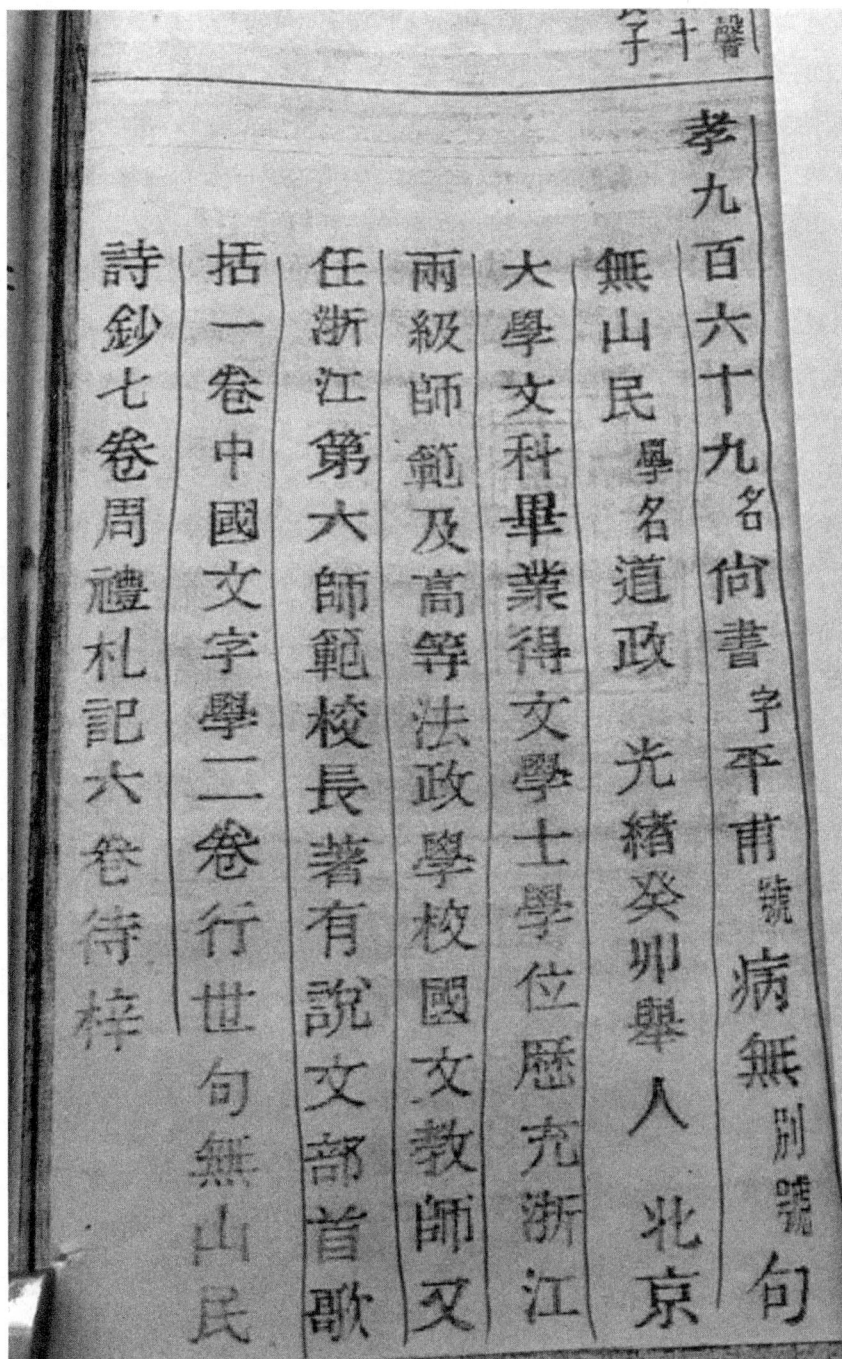

《大成徐氏宗谱》徐道政传

路，虽然"我脚行已倦"，但颐和园的景色太美了，令人目不暇接，看了还想看，"我目饥未充"，看得高兴，其乐融融；又想起外国入侵，圆明园被烧，颐和园蒙羞诸事，引起无限的惆怅与感伤，所以有"我乐殊未央，我悲亦无穷"之句……以至于"歌成天欲暮，名园别匆匆。回顾西山上，烟霭接紫穹"，可见触景生情，诗兴高涨，为写好此诗，都忘记了天色转暮，回头看西山时，已经笼罩在一片暮霭之中。徐道政在京师大学堂读书期间，他的游踪必定还有很多，京师名胜古迹众多，喜欢登临的徐道政应当不会只注意颐和园一处，像清华园、圆明园、西山等等，数不胜数，只因徐道政诗集的亡佚，今日已经难以复查他的行踪而已。

　　徐道政之所以四十五岁的年纪还要考京师大学堂，是在科举刚结束，新的选拔人才机制正在摸索阶段的一种惯性思维指导下的人生道路的选择。他的期望是获得考中进士一般的结果，能够进入仕途，甚至飞黄腾达，为国家发展有所作为。这一点我们看他心态，是表露得比较充分的。在北大毕业前夕，特地写作了七律《留别北京大学校四首》，表达了自己内心的远大抱负，与现实未免大相径庭，就自然产生了苦闷彷徨之情绪。看这些诗作，其中充满了对自己满腹学问难以找到好的出路，慨叹"六艺文章刍狗贱，三年辛苦蠹鱼谙。人谁载酒问奇字，我欲携经坐古龛"，深深地感慨世事难料，好学问无好价："两字虚名鸡肋似，百年去日马蹄轻。""不值一文归去也，水云深处证鸥盟。"这些诗句牢骚满腹，与历史上许多仕途不顺的文人一样，没有什么区别吧。即使与李白、杜甫失意时所作的诗歌相比，也是心灵相通，诗句的意思似曾相识吧。这种诗句里面充满着强烈的失落感，心里灰暗，情绪低落，反映了当时徐道政内心真实的感受，与他对人生前景的忧虑。他毕业的时候已经四十八岁了。

第三节　南社鸿爪垂青史

　　南社是近代中国影响最大的诗歌社团，宣统元年（1909）冬季于苏州成立，由诗人陈去病（1874—1933，江苏吴江同里人；因读霍去病"匈奴未灭，何以家为？"而壮其为人，毅然易名"去病"）、高旭（1877—1925，字天梅，号剑公，别字慧云、钝剑,上海金山人)以及柳亚子(1887—1958,江苏吴江人)等人倡导发起[①],正是青春年华、意气奋发、指点江山、挥斥方遒的年纪。因诗社宗旨为"操南音,不忘本",故号"南社"。南社首次雅集(第一次大会即成立大会)诗人共有十七人,其中同盟会会员占十四人。此年徐道政首次应聘于浙江两级师范学堂。南社的骨干多年活动于上海,其前期工作基地亦多在上海,所以南社的活动中心就自然设置于此。南社拥护孙中山及其同盟会"驱逐鞑虏,恢复中华",推翻满清腐朽统治的政治主张,提倡民族气节,与同盟会枹鼓相应。辛亥革命后,南社得到文学界广大诗人的热烈响应,会员发展迅速,总数达到一千一百八十多人。民国三年(1914)春,徐道政在执教浙江一师期间,经同事陈虑尊介绍,与夏丏尊、徐作宾、郦忱、姜丹书、陈子韶等一道加入南社,徐道政编号为457号。其作品发表于南社社刊《南社丛刻》上,有散文信札《得古琴记》《与柳亚子书》等四篇、诗歌《游颐和园同卢临仙田多稼》《送长沙李任庵赴天山》等十五首。他的《勾无山民诗钞》佚失之后,南社社刊所刊载的这些诗文,就成为益发珍贵的史料,为后人搜集徐氏作品提供了条件。

柳亚子是南社最知名的代表人物,尤其是20世纪50年代之后,柳亚子与毛泽东的诗歌唱和,为他的形象增光添彩,大大地扩展了柳亚子的影响,其光芒掩盖了陈去病、高旭等人。每当提起南社,人们便会想到柳亚子,而其他两位创始人则被遗忘了。徐道政与柳亚子比较投缘。在民国四年五月,柳亚子带着高吹万、姚石子等人从上海来到杭州,在西子湖畔,他们和李叔同、冯春航、陈虑尊、徐道政等人在杭州孤山举行了一次南社同仁的西泠雅集。文人相聚,自然少不了诗酒风流。徐道政在此次聚会上难得地表现出豪爽之情,与柳亚子猜拳行令,吃酒助兴:"当时拇战致果[②],入枭为乘,酒令五申,严于军法。浮三大白,

---

① 柳亚子:原名慰高,因慕法国卢梭学说,以"亚洲卢梭"自居,号亚庐,改作"亚子",江苏苏州吴江黎里人。曾任孙中山秘书、国民党中央监察委员。抗战时期,与宋庆龄、何香凝等组织中国国民党革命委员会,任中央常委兼监察委员会主席、民盟中央执委。1949年出席人民政协首届全体会议,后任中央政府委员、全国人大常委会委员。著有《磨剑室诗词集》和《磨剑室文录》,有《柳亚子诗词选》行世。

② 拇战:筵席上吃酒时猜拳行令,以定胜负,当时文人雅称为"拇战"。如与徐道政同时者项士元日记:"(民国十年正月)十二日,晴,午刻,华文宪、陈士文、黄申教、罗梦琴、何荣光等招饮巾子山抱爽轩,到者四十人,拇战喧传极一时之乐。"皆指此事。

對酒不忘憂臨樂常銜悲回風起天末浮雲忽離披今日樂所樂明日天一涯
不堪生離別兒是新相知相知貴在心斯語君知之兩情苟不忒何用怨睽離
懸知非日月茲望自有時一誦河梁言努力向前期

巢居閣坐雨遲春航不至

四陵芳樹下極目斷青驄柳暗妖姬墓梅殘處士宮四山無語寂一水有情通
小閣吟風雨淒其此夕中（前一夕春航爲題扇句云小閣吟哦遲雨聲時故晴則不知爲此夕寫照也）

浩歌壽春航二十七初度

姑射之山神人焉吸風飲露不食人間煙冰肌雪膚何娟娟駕六飛龍四海彈
彼美人哉宜元元嬴政劉徹徒紛然閱日成歲水成川移陵爲谷海爲田朱顏
不彫千萬年

游頤和園同盧臨仙田多稼

諸暨 徐道政 病無

太行如波濤起伏勢向東折到薊門西萬壑爲朔宗何年鑿昆池前仿漢武功

萬壽學翠華突兀而青蔥殿閣依山起結構稱豪雄山川相映發金璧耀晴空
我來結仙侶輕車似卷蓬柳色半青黃桃花雜素紅四郊靄麥氣十里見山容
紅牆隱山麓朱門開古松清涼延年井岧嶢仁壽宮宮旁彫玉檻宛轉絡雲峯
上有歌舞臺高與九天通白日降神仙人巧奪天工我行折而北俛瞰飛清濛
縹緲滿遠堂亭閣何玲瓏源頭有活水長谷響谽谺西路出岩腰仰視五雲封
荒涼清可軒參差荆棘叢行行出幽谷步石上巉巖便欲效宗慤破浪乘長風
游女雲成堆粉睫逐花蜂衣香飛天上人影亂鏡中轉過借秋閣畫裏遊仙蹤
長廊深窈窕錦幃陋石崇前有萬頃陂倒影碧芙蓉蠡蠡佛香閣雙雙仙雲從
如在山陰道恨無目重瞳隔湖滿虛堂神山不可逢鞭石架巨鼇彫玉飛長虹
我腳行已倦我目飢未充蓬萊采藥子徐福追前蹤三千童男女香汗雨空濛
我樂殊未央我悲亦無窮武清舊邸第圓明賜潛龍甘泉好避暑長楊豈臨雍
清國當全盛人和樂年豐轍迹周吳越邱壑橫心胸名山移四景巨役靡三農

秋獮罷木蘭元皇失儉恭可憐驪山火殘磚落日烘荊棘埋東洛寶器入西戎
文宗新堂構三聖同遊驄露臺誠小費逸樂釀鉅凶蘆笳燕月冷豆粥秦關供
鈞天慶廣樂鼎湖泣遺弓唐虞揖讓復秦漢專制終昔日清閟地開放示大同
環珮金閨客葫蘆玉局翁高歌來燕市細曲唱吳儂胡天旋頭落漢月劍氣衝
古北紛虎迹安要餘猿烽亡鹿悲秦夢得馬思塞翁瓜瓞闕外客淚灑棘中銅
越客多苦吟深宵發晨鐘願言固藩籬勿自壞垣墉荒郊牛我馬枯澤嗷哀鴻
鬱花徒豔春魚稻足禦冬良田如袈裟黍稷畝橫縱民福皆國利池臺樂從容
歌成天欲暮名園別匆匆回顧西山上輕靄接紫穹

南湖記遊

湖在杭北郭一名白洋池宋張功甫構園亭其上號曰桂隱後捨宅爲慧雲寺

南風四月長菰蒲扶杖來尋桂隱處笑我性情多古怪西湖不愛愛南湖

大旱曾傳淳祐年西湖深處草芊芊萬家轉向南湖汲此是佛家功德泉
森森竹樹鎖煙霞城郭山林處士家記得小橋流水外滿天風雪訪梅花

端節顧竹侯招食糉

紅蓮香稻青箬衣乾肉薄片芳霏霏老饕聞之先涎垂吞吐大嚼如牛飼卌年
豕山過蒲節角黍撐腸腸欲裂自到長安米如珠臣朔苦飢涎空嗌眼看淮海
水成災十萬哀鴻皮江來有鳥在木馬在門朱李空宅牛蒿萊我有半尺破硯
田手草科斗三千年呼龍荒山獨耕煙無能與爾扶危顚對食迸淚如飛泉

送長沙李任庵赴天山

胡天秋靜躍施頭席箕千里草生愁天上將軍忽飛下雌蟀多才班生亞衡雲
如花鬱時英匣劍叫出銅龍聲將軍綠眼眷相賓燕然勳碣待君草莫苦天山
萬里行七十餘國方誓盟我頭空戴葱嶺雪我腳空踏燕市月我口未飲黃羊
血我眼待掃南山月會看將軍霹靂手神箭飛逐封狼走關外春風滿楊柳

短歌行贈蔣宰棠麐振

長安城頭風如虎輭紅十丈捲塵土魏闕摋天礙日馭車聲動地殷雷鼓元直
步行不坐車玉河橋畔問酒家對飲慷慨得子通酒腸芒角生杈枒磬兮磬兮
知時否不龍不鳳反爲狗萬方一概吾道非何事累累傍人走鳴鏑苦邊城吾
將詣闕請長纓烽火達甘泉豪傑從軍行投筆封侯作班生可憐著書鄭康成
天路或可通吾將跨鶴飛長空滄桑看世變日月自壺中辟穀輕身從赤松可
憐識字困揚雄吁嗟乎穀城黃石本烏有李廣數奇亦不偶我所思兮乃在東
海之磯南陽之廬泌水衡門聊可與娛

與張霞軒話別次蔣棠原韻

一枕槐柯夢未安鬼方千里陣雲攢危樓極目燕山暮落日高歌易水寒細細
紅塵衣上滿星星白髮鏡中看秋心合待知音賞聊取鳴琴月下彈
河梁日暮問何之木落霜高雁影遲大陸龍蛇三尺劍中州風雨一囊詩酒邊

起舞心仍壯圯上遺書手自持今日南陽無處士應非落脫醉雲時

清明還家掃墓

五年客裏過清明此日歸舟一棹行兩岸梨花寒食夢千村麥氣子規聲荒荒
墓鍊和煙蘸澤澤春農帶雨耕四十雙田今已辦吾師要與丈人盟

喜長沙李丙青重來武林

亂後匆匆記別離三年飄泊兩心知虎林山下重來日燕子橋頭再見時楊柳
青旂江上酒桃花紅雨客中詩神州極目多烽火此處安巢或有枝

聞同學管鍇警耗

眼底滄桑閱幾朝故人消息逐風飄九秋苦雨長淮淚六月淒霜老米橋（君住江寧城老米橋民國二年六月張勳兵入城被殺）
性命于今輕螻蟻亂離不息沸蜩螗青林月落關山黑
魂魄天涯何處招

懷梅

淺淡梳妝綽約姿，一年消息未曾知。迷離魂魄雲深處，縞素衣裳月上時。流水
空山渾省識，春頭臘尾最相思。只餘飄渺羅浮夢，嬾惰東風不肯吹。

留別北京大學校四首

金門許館客停驂，自笑稽生七不堪。六藝文章芻狗賤，三年辛苦蠹魚諳。人誰
載酒問奇字，我欲攜經坐古龕。鄉國名山多宛委，好將佳處結茅庵。

薊門落日酒家樓，一飲甯銷萬斛愁。雨過黃金臺下暮，風吟白塔廟前秋。陽和
不協騶生律，朔氣偏侵季子裘。燕趙古多慷慨士，荆歌高筑是吾儔。

窗鐵故紙笑鑽營，空有圖書擁百城。兩字虛名雞肋似，百年去門馬蹄輕。頭童
已變封侯相，齒豁猶深食古情。不值一文歸去也，水雲深處證鷗盟。

越人斷髮又文身，章甫何心任世嗔。碣石館空沈茂草，煤山樹古泣勞薪。休從
馬帳誇高足，未許燕姬充下陳。卻寄春風歸路好，芳郊朝雨浥輕塵。

題亞子分湖舊隱圖

故人昔隱分湖上，高柳圍宅似元亮。故人今日住梨里，晏嬰爵塵嫌近市。回首
勝溪舊家樓，年年讀書樓上頭。樓前汪洋千頃水，鷗鷺賸笑芙蓉愁。況復滄桑
閱幾度，欲覓桃源苦無路。夜深吟魂飄不住，被風吹入舊隱處。夢見道人鐵葉
冠，蒼精龍吼江月寒。金粟珠簾來勸酒，低唱回波舞青鸞。陸葉風流弋釣伍，一
堂相接古歡古。又見先人粥粥翁，高唱竹枝入江風。似惜移家魏唐客，扁舟一
去無消息。天雞啼醒曉色明，枕上如聞流水聲。人間富貴春婆夢，何如牢結水
鷗盟。君不見陸家卿卿呼不起，玉葬如鉤枕湖尾。芳雪已銷疏香冷，花似昔年
人去矣。我讀此圖思邈然，鴟夷一舸五湖邊。洞庭西去水連天，倒影七二青花
蓮。呼龍入山耕紫烟，手種瑤草三千年。與君高拍洪厓肩，安能婢膝奴顏事權
貴，使我內熱如焚煎。

題亞子分湖舊隱圖　　淳安邵瑞彭次公

長憶湖頭聽竹枝，十年詠絮冷春時。憐他一片盈盈水，照出煙鬟為阿誰。

豪气凌霄,乐不可支。"三杯两盏酒落肚之后,便有些热乎话语相交,以至于渐渐
投合,说得"入港",徐道政在《得古琴记》中曾说自己中年之后即得幽忧之疾,怀
抱苍凉,很久都没这么开心过了。所谓"乐莫乐兮新相知",用在这次南社同仁
西泠雅集上的徐道政身上是十分贴切的。徐道政与柳亚子一见如故,交谈披肝
沥胆,对柳亚子的处世为人之道,也直抒其言。所以在西泠雅集之后,作《与柳
亚子书》,在酒酣情热过后,不禁有"兴尽悲来","怀人苍凉",无以消解,只有托
之于"瑶琴秋月",而那种"人生不相见,动如参与商"的情感,又时时袭上心头。
在年龄上徐道政长于柳亚子一辈。当时北洋军阀当政,各派势力争权夺利,斗
争十分激烈,短短几年时间,总统与总理走马灯似的更迭不休。徐道政对时局
的感受是"乾坤有鼎革,群雄纷力征","讲道虎狼窟,力与猛兽争"(《六十生日
作》)。他理解柳亚子在"世有道则行,世无道则藏"的心思,而认为其做得还不
够,建议"然足下虽口吃而善著书,仆则谓不如并书不著",意为柳氏结巴,说话
期期艾艾,惹人发笑,但在如此不太平不宽松的环境里,有什么值得多说的? 连
著书立说也不要做了。徐道政还为柳亚子写了一首诗:"茂林我亦慕相如,口不
能言善著书。不若并书亦无有,韩王湖上只骑驴。"对于两个相识时间不长的文
人来说,一般是不会讲到这种分上的,可见徐道政与柳亚子的相契程度已非同
一般。在加入南社之前,徐道政的同事陈虑尊向柳亚子做了介绍,当然会有溢
美之词,称徐道政写诗很多,柳亚子主编《南社》刊物需要诗稿,便向徐道政索
稿,徐道政对此表示:"足下过听陈虑尊,谓仆诗稿甚富,勾周格枰,何异觳音?
聊录呈数首,惟削正是幸。"即自谦作诗没有像陈虑尊所夸赞的那么丰富,又响
应柳亚子索稿刊用并请其斧正。这次向柳亚子投稿古今各体诗歌十三首,数量
较大,得到柳亚子的高度评价,赞誉有加,称徐道政是"于越诗豪"(见《再与柳亚
子书》);而后来徐道政在《南社》上发表的十几首诗大概就是这次投稿的主体。
可说这封书信对于了解徐、柳关系,无疑是一把钥匙,值得重视。紧接着,徐道
政写给柳亚子的第二封信,就柳亚子对自己的"诗豪"之誉,表示一是"告者之
过,亦以见足下爱才之逾恒情",就是陈虑尊先生有过誉之介,柳亚子有爱才之
心,看得起我,所以这样奖誉。信中还对柳亚子在诗界的作为和地位做了积极
的回应:"今足下于南天骚坛,允执牛耳,俾东箭南金,沐日月而生者,经拂拭而
益发其光,古今人宁不相及邪?"意为主编《南社》的柳亚子是南方诗坛的领袖,

重视选拔南方诗人的作品,予以发表传播,让南方诗人诗作产生更大的影响,追踪古人难道追赶不上吗? 东箭南金本指会稽竹箭,江南精铜,皆充贡品,以此比喻南方优秀的人才。随信附寄"序、记、文各一首,七律四首",投给柳亚子,这是对柳亚子交谊的信任与振兴诗歌创作的大力支持。此后好像就没有如此力度的投稿了。对于加入南社并在其中发表诗文作品等事,徐道政在《六十生日作》诗中未尝有片言涉及。按说以善于作诗著称的诗人来说,加入当时影响力最大的诗社——南社是其一生中的一件大事,何况他已经到了知天命之年,且距写作《六十生日作》时间也只有十年光景,应该记忆犹新才是啊。所以他在《六十生日作》中未作表示,出于何种原因,可能十分普通,亦可能另有情愫,尚难悬拟遥测。

第四节　掌教六师继广文

中华民国五年(1916),浙江省立第六中学(前身台州府中学堂)简易师范科奉命独立建制,名称为"会稽道第三师范讲习所",后改称"浙江第六师范讲习所",校址设于台州府城东北白云山麓正学书院旧址(即今台州中学老校园。据许杰回忆录称,此地以前为"赤城师范"旧址,再往前是"广文书院"),由陈表(字罩夫,又作罩敷,天台人)任所长——此地与从仙居下张重新迁回府城里的省立台州师范学校校址紧相毗邻,仅隔一座哲商小学——这是后来的校址。民国六年(1917)浙江省议会决议师范讲习所收归省办,于是第三师范讲习所改名为"浙江省立第六师范学校",由省府委任徐道政为校长。1917 年秋,徐道政结束了担任四年之久的浙江一师的教职,奉命来到台州府城临海,担任刚由浙江省第六师范讲习所改名的浙江省立第六师范学校校长一职,徐道政在《天台纪游·前言》中说:"丁巳(民国六年,1917)秋,奉檄主第六师校。"即指此事。据项士元日记载,徐道政来临海时寓居于府城内小晏宫台州著名学者、诗人宋世荦宅中。宋氏是嘉道时期以编纂《台州丛书》名垂青史,家富藏书,身后衰落,至此时宋家主人为宋少琴,所藏残书尚有"六架,尘莓朽蠹,纷如束笋。内以碑揭为尤多,间有明刻残本,卷首图章灿然,记有'宛平王氏藏书''鄞县杜樵南藏书'各印"。

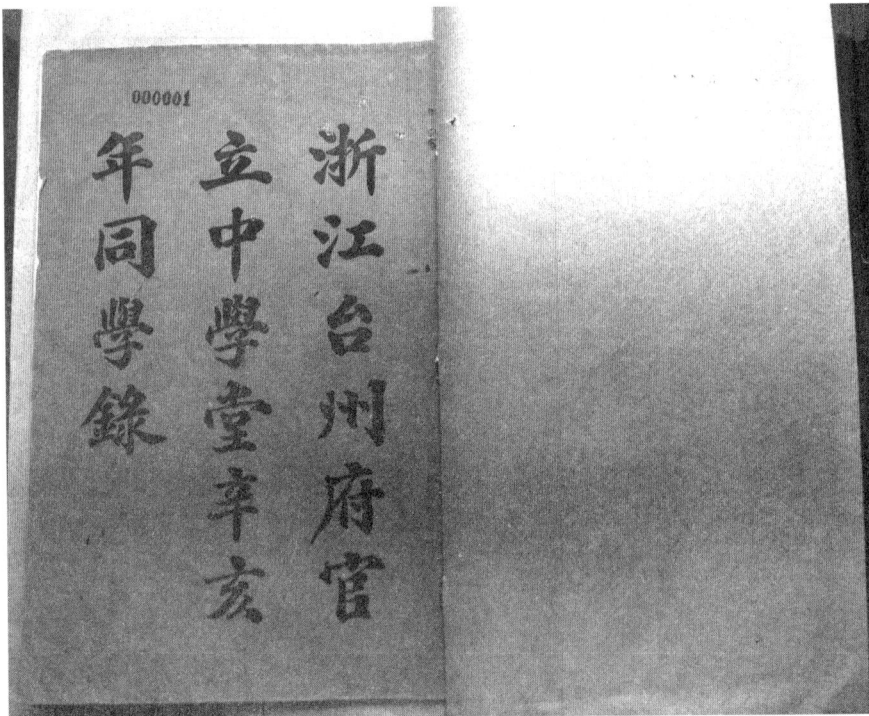

台州府中学堂简易师范科 1

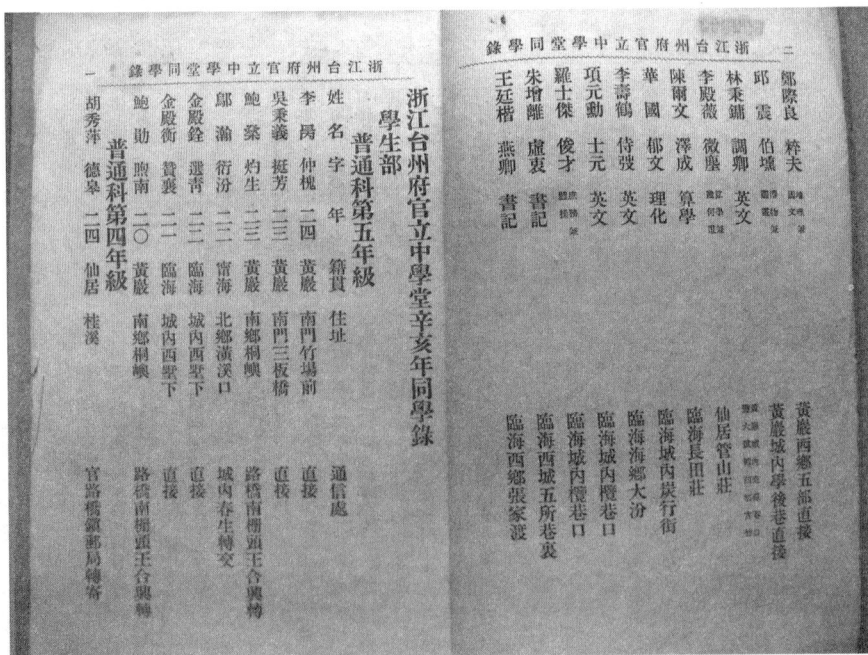

台州府中学堂简易师范科 2

000002

浙江台州府官立中學堂同學錄

浙江台州府官立中學堂辛亥年同學錄

教職員部

姓名	字	職任	通信處
周繼濚	萍洄	監督兼法制理財修身	臨海城內龍鬚巷直接
李超羣	召甫	監中學外國地理外國歷史	臨海海鄉大汾
章壽椿	幼垣	監檢舍察兼	甯海上馬石直接
祝文修	霞城	國文歷史兼	新昌城內大樹下品福祠間壁
葉兆駿	有聲	英文	杭垣仁和保佐坊多福弄
朱佩珺	石珍	會計兼國文兼經學	天台城內社廟後
柯作楫	蘭洲	國文經學兼	太平城內
金章	衡峯	博物經學兼	天台城內牌門前
孫壽祺	翬星	國文經學兼	天台城內杏莊菴

台州府中学堂简易师范科 3

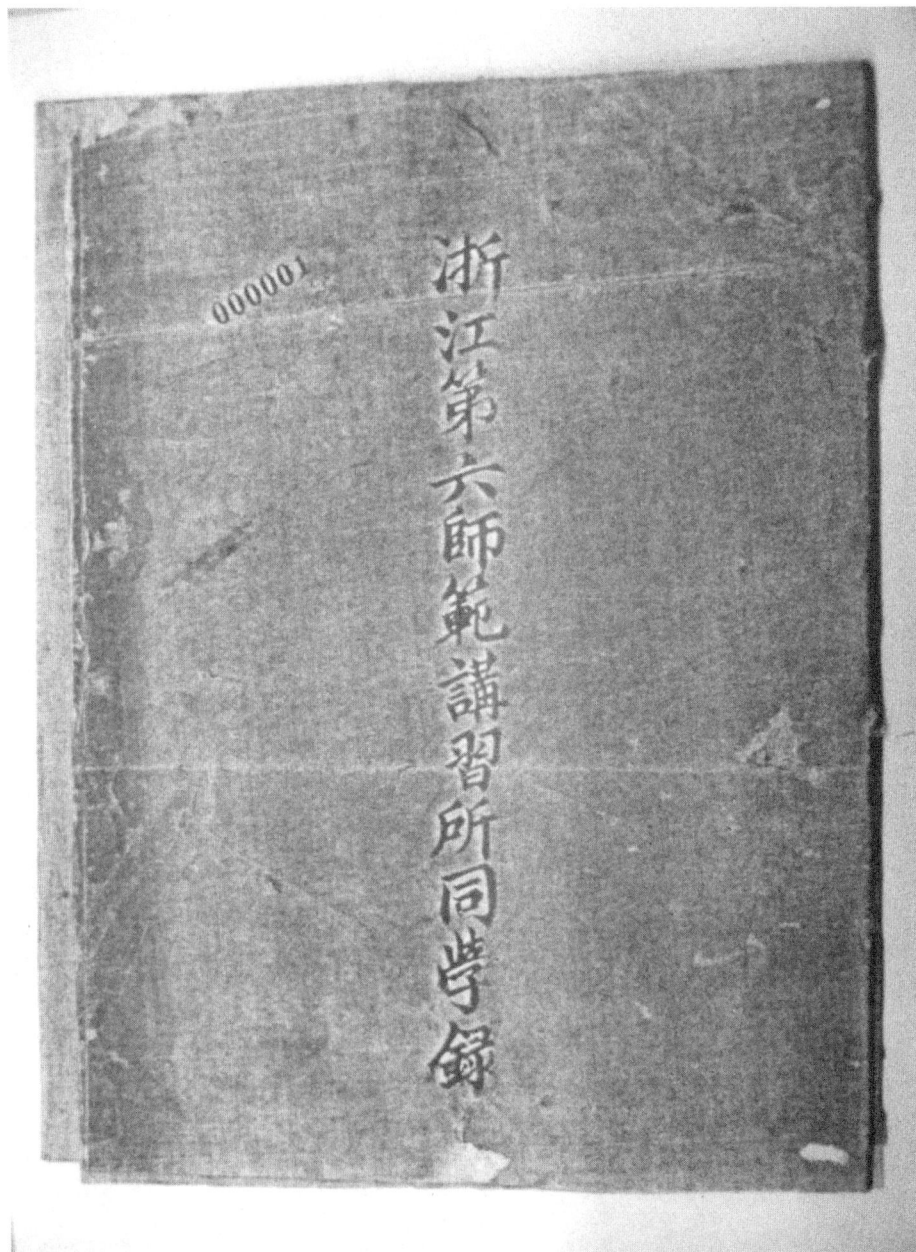

第六师范讲习所 1

000002

浙江第六師範講習所同學錄

教員部

姓名	字	籍貫	職掌	通信處
陳表章	夫	天台	所長　掌	城內中學校西首
李福年	望之	富陽	心理學教育學國文教員	東梓關
褚鴻誥	少梁	天台	教授法理法國文教員	城內北門四方塘
郭宗禮	輔臣	臨海	論理學教育學教員	湖墅大關協豐紙行
王煥	坒生	杭州	理化畫教員	城內大晏宮
符愷生	凱箋	餘姚	算學博物農業手工教員	朗霞天華
尹慎修	肖耕	臨海	算學教員	湧泉中丞
費坎生	湧	杭州	体操唱歌教員	西湖大閘口
陳院	夢阮	天台	舍監	城內縣隍巷五間裏
蔣慶華	淑士	臨海	文牘	城內東門街

第六师范讲习所 2

一天项士元至宋宅检阅残书,未检及半,宋氏后人便出恶言,指责家中藏书遭到黄瑞(字子珍,台州著名藏书家)、叶书(字伯舟,台州著名藏书家)、徐病无(道政)等人的"巧取豪夺"云云,也可为了解徐道政在六师时期生活提供一个侧面。又据《台州学院志》载:徐道政在任期间,改造校门,建立正楼十二座,校北添建教室,并修整所有宿舍,校容校貌焕然一新。又于民国六年八月添设附属小学,称为"浙江省立第六师范附属小学"于道司杨氏公祠(即今台州影剧院旁原回浦小学),起初仅有三学级,翌年增为五学级,到民国九年八月扩充为八学级,作为师范生的实习基地。民国七年八月,六师新屋落成。至此,师范学校的规模与体制已经基本完备。这使徐道政获得一个很美好的头衔——浙江省立第六师范学校首任校长。可以说台州办师范学校走上正轨的时间,实际上是从徐道政任职六师时开始的。

徐道政精于经学、小学(传统语言文字学),于古文字造诣颇深,著有《中国文字学》,在杭州保佑坊大街的武林印书馆石印出版。此书便是在六师上课时用于教学的教材,由半园居士蜀东张翰墉题写书名和封面,题字时间是"古曆(历之古字)丁巳立秋",即阳历1917年8月8日。徐道政在六师时自己坚持上课,因喜欢乾嘉考据之学,兼善书法、金石等,故其教学以审慎严密著称。据听过他上课的学生许杰回忆,此书作教材是要收"讲义"费的。现在看到的《中国文字学》全书约三百五十页,定价是大洋壹圆。许杰是徐道政在六师时期一个很有名的学生,后来成长为著名的作家,也是华东师范大学有名的教授,师长徐道政给他留下了很深刻的印象。下面是从许杰的回忆中截取出来的一段,让我们得以窥见徐道政在六师时期的教书育人状况。

　　浙江第六师范学校的校长原是徐道政,前清举人,对文字学颇有研究,曾在浙江第一师范学校教授"说文解字"。他自己编过一本《中国文字学》,其实就是《说文解字》的五百四十部的部首,他加上解释。我进校读书时,他自己兼教"中国文字学",教材用石印的方法印成一本书,收讲义费。他住的一间平房前面有一棵紫藤树,一直盘到他的屋上面,所以他给自己的住舍取名"藤龙窟",并写在一块木牌上。前几年到临海我曾去找过这所房子,只看到紫藤树的藤根。我填了一首

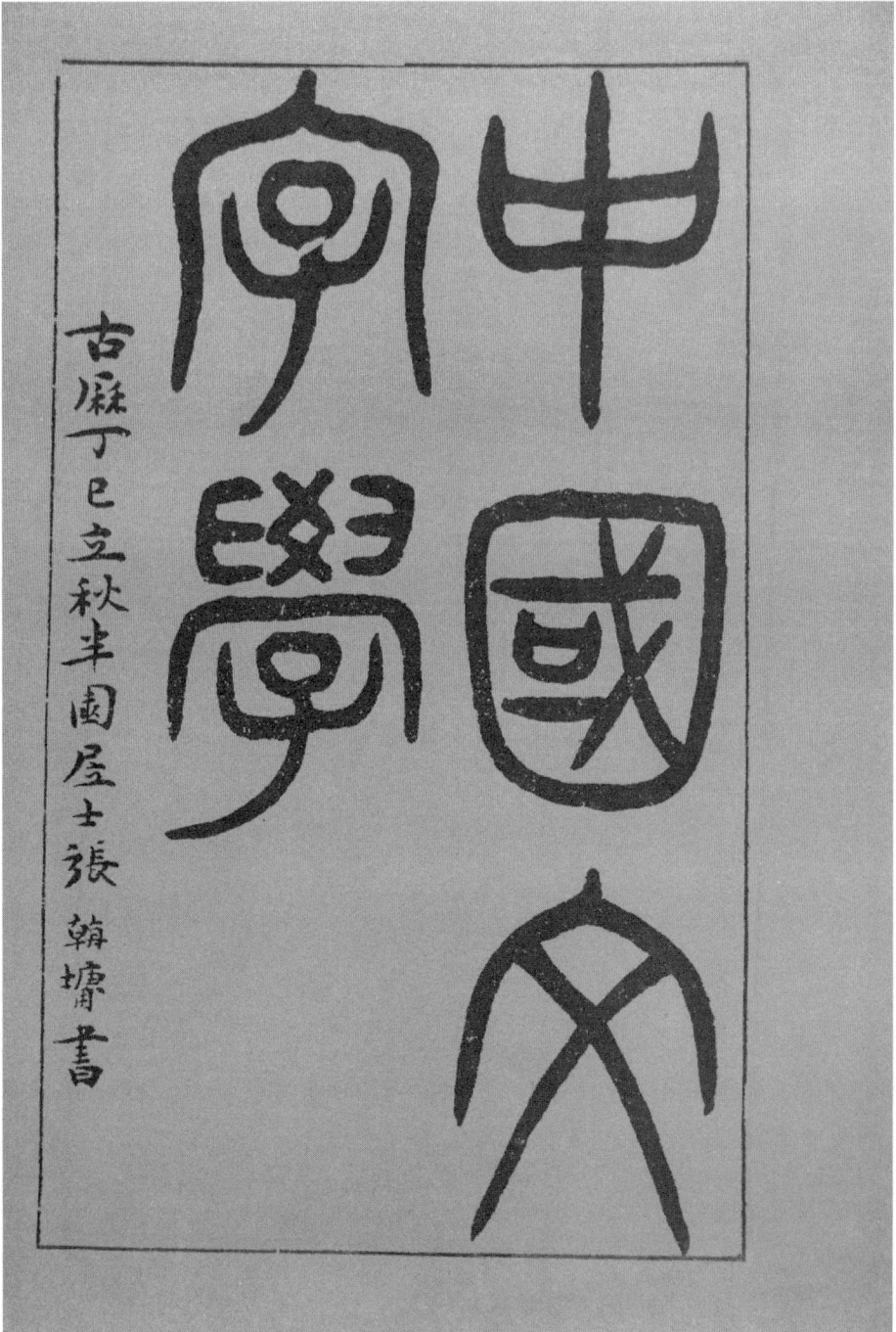

《中国文字学》

教授、作家许杰来校讲学

《浪淘沙》,其中"藤龙遗窟忆旧踪",就是指的这一位徐先生。这位先生认为我读书还可以,对我很客气。我没有在《说文解字》方面下功夫,但在文字学方面有点基础,虽然后来还读过清人关于文字的著作,但主要是受他的影响。他擅长书法,我曾经请他题字……

徐道政来六师时,还带来了几位绍兴籍教师,在六师档案中见诸记载者有:边棠(字甘棠,附生,优级师范毕业,与徐道政三子徐颂薪同时赴日本留学,曾任诸暨县中学堂校长,廿六军军官学校教官,详说见下)①,诸暨人,是徐道政次女徐月娥之夫;张冶,字味真,嵊县人;邱志贞,诸暨人;齐贞亮,诸暨人;徐颂樾,诸暨人,徐道政长子;黄维品,诸暨人;徐兰泉,诸暨人;章微颖,诸暨人;孙廷珍(即

① 边棠:《台州学院志》(浙江工商大学出版社 2009 年版)作"边荣"。徐道政主持纂修的《大成徐氏宗谱》载徐道政生五子四女,其次女"嫁二十四都霞庄"边棠;同谱卷之四载"右《春晖辞》一首恭侑"下署"族侄孙颂樾族孙女婿边棠敬献"。由此看来,边棠字甘棠,名、字相应,其义契合,则《台州学院志》作"边荣",是形近而讹所致。

孙选青),诸暨人;李鸿梁,绍兴人。其中:邱志贞(1892—?),1916年毕业于浙江一师,在六师任图画、乐歌、手工教员;章微颖(1894—1968),1907年入读浙江两级师范学堂,1911年考入北京高等师范大学堂史地部,在六师时任历史、地理、国文教员;李鸿梁(1895—1972),字孝友,号老鸿,绍兴山阴人,就读绍兴府中学堂时,鲁迅为学监,是鲁迅学生,在六师时任国画、乐歌、手工教员;等等。可以看出,诸暨籍人特别多,这自然与当时的聘任教师制度紧密相关,校长可以决定聘任谁不聘任谁,校长聘任他所熟识的人、他所了解的人,是当时一所学校教师籍贯构成中的常态。这些教师在许杰先生的心目中留下深刻印象者,其中一个是"章锐初先生,学名章微颖,北京师范大学史地系毕业的,到临海六师来教世界史及中国通史,是一位具有新思想的教师","我们到绍兴五师读书时,他也转到绍兴省立第五中学教书"。一个是孙选青,即孙廷珍,与章微颖一起是帮助许杰等六人转学到省立第五师范学校的人。另一个是"国文教员张冶,别号'味真',他除了讲课以外,还讲一点人生哲理,讲人与人之间的关系。他教的书我们都能背,印象很深,对我们的影响颇大,他俨然是一个道德家,自有其人格道义的一套"。按张味真(1882—1967),名冶,字味真,号诧园老人,以字行,绍兴嵊县石璜(今属长乐镇)新沃村人,现代浙派琴家。张味真自幼好学,饱读诗书,具有深厚的国学根基。光绪三十三年(1907)中秀才,嗣后科举被废,遂入上海震旦大学肄业,在嵊县剡山高等小学堂、嵊县中学任教。张味真年轻时曾随嵊县名医金宪俊学琵琶,学得《阳春白雪》《普安咒》等曲;后随开霁和尚(1838—1913)学琴(开霁和尚名耆孙,字英仲,号嚼菘),擅长《平沙落雁》《秋鸿》《渔歌》等曲。张味真博学广采诸家之长,后成为现代中国古琴演奏名家,号称浙派古琴大师,也是徐道政的古琴老师。张味真在六师时担任修身、读经、国文教员,是一位多才多艺、学养深厚的名师。张味真来六师任教时三十六岁,正值风华正茂之际,所以给许杰留下了深刻的印象。要不是许杰的回忆,真难以想到这位著名的古琴演奏家竟是国文教员。徐颂樯,字衡樑,号壹岛,学名楚翘,浙江农业教员讲习所毕业,前代理军部文质科长。而据徐道政游天台山诗集《天台纪游》中所载,其次子徐颂械随徐道政一起率领四十名学生游天台山,而长子徐颂樯未随行;到民国八年初徐道政考察日本教育时,他在诗中自注,长子徐颂樯在老家侍奉母亲,次子徐颂械与四子(颂璋)、五子(颂周)在台州府城临海、三子徐颂薪在日本留学。至此就怀疑是否其次子是六师教员，而非其长子。今据台州著名学者、时任临海图书馆馆长、六中和回浦学校教师项士元《日记》记载，徐楚翘的确是在六师任教。当时六师除校长徐道政外，在社会活动中表现活跃者有张味真、方冽泉、徐楚翘等人，与台州府城文化界名流项士元、褚传诰（九云）、张鹿坪、郭松垞等人有交往活动。如《项士元日记》民国六年七月十八日载："张味真君来访。"七月二十六日载："张味真来谈心论艺，直至二鼓。"七月二十七日载："馈味真（天）台山云雾茶，并缀小诗一章云：'绝世才华张茂先，琴书随处乐陶然。山村自愧无声物，聊贡麻茶助煮泉。'"此时徐道政尚未在《项士元日记》中露面。直到八月初一，项士元日记中才出现与新任六师校长徐道政晤面之事："下午，雨。至第六师范学校谒徐病无、张味真、赵涤性、方冽泉诸君。午膳后偕游东湖，晤骆俊又亭。五时返师校。黄昏返中校。病无、味真皆精律吕，冽泉、涤性究心史地。病无兼精小学、堪舆，性情亦风雅，可谓学界杰出者矣。"如此看来，徐道政、张味真、方冽泉等人给项士元留下了很好的印象，为日后相互交游打下坚实的基础。赵涤性后似未多见，生平亦未详。项士元日记又载："初五日，味真来，借去《论语》注疏四册，《儒林宗派》二册。""十五日，招张鹿坪、张味真等十人宴于巾子山望江楼。徐病无、褚传诰、方冽泉三人因病未至。是日余大醉，登中峰寺，卧至日落始归。得诗二章。"这是写自己作诗，大概未与徐道政切磋。"十七日，晴。病无先生前夕因病未赴约，当时寄题一联云：西来山色迷天姥，东去潮声接海门。写作俱佳。余命韵丹炼师装而揭之楼中。"这是记载徐道政首次赠联与项士元，令不擅书法的项士元感觉"写作俱佳"，即此对联内容好，徐道政写的书法亦很好。"二十日，雨。徐病无、张味真二君寄示诗三章。"这是徐、张二人与项士元诗歌交往、相互切磋的开端。"二十一日，赠病无竹杖二枝，缀小诗一章云：'昨诵五字诗，片片如冰雪。贡以青琅玕，供尔探龙穴。'盖病无昨日所示，乃藤龙窟诗也。"此日所缀小诗是项士元首次赠送与徐道政者。由此徐道政及张味真等人与项士元揭开了诗酒唱和的序幕，在此后的诗酒交往中，益发加深了解，增进交谊。"二十二日，旁午，张味真来访，旋偕程子仁、黄慈哉同至叙丰园小饮。午后，予邀三君至舍，品茗谈艺。"由下馆子交游到邀请至家中做客，由吃酒论诗到吃茶谈艺，其交往的深度、交谈的广度均有拓展，自在日记中呈现无遗。"二十六日，徐病无、张凭岩以诗见赠，先擘笺答凭岩。张味真来书问八月十六故事,当即答复。"这是张味真对台州中秋节是在八月十六日过的风俗感兴趣,向项士元了解该风俗与众不同的来历。"二十七日,晴。圣诞,丹桂开。徐病无先生来访,作次昨日见示韵答之。"这是项士元与徐道政诗歌唱和的一次,只是当时的唱和之作已难觅其踪影,至少徐道政所唱之作难觅了,项士元的和诗或许还有希望,有待今人整理其诗稿。"九月初二日,晴。早膳后,偕褚九云先生至白塔桥访王漱岩。旋漱岩来答拜,留午膳,谈诗论艺甚畅。下午偕游永庆寺、恩泽医院、望天台、石林道院、第六师范学校各处。徐病无留晚膳,弹琴诵诗,至十时返校。"这一天项士元同褚传诰、王漱岩与徐道政交游内容丰富之事,不仅有诗歌吟诵,还有弹琴欣赏,引人入胜,至夜深才返校,其情景可供想象。"十七日,雨霁。张味真来,借去《宋元学案》二册。""十月初八日,晴。徐病无先生赠《中国文字学》一册,其书以解六书之区分,晓部首之义例为主。""初九日,小雪,晴。作书答徐病无。"随着交情的加深,徐道政也很欣赏学识渊博、才华出众的项士元,把自己所著的《中国文字学》一书赠送给他,项士元则与徐道政、张味真等人日益情投意合,有许多共同的兴趣与话题。这是徐道政到台州府城任职的第一个学期所见的情景。

若论徐道政到六师任职与项士元等人交往,每以诗酒之会而言,则第一个学期常见的招饮者,也就是设宴者多为项士元或者其他原在台州府城的文士,这应当是符合情理的。之后在项士元日记中,也渐渐出现了徐道政或其长子徐楚翘设宴招饮的记载,还有张味真设宴招饮,其他的如方洌泉等则所见较少。如民国八年(1919)二月十九日项士元载:"雨。徐楚翘招饮,郭松垞、张味真二君来。……张味真借《律吕精义》七本,《雁山志》八本。"招饮就是设宴请客吃酒,项士元、郭松垞、张味真等人是他的主要客人。未见徐道政(徐二月七日回到上海),不知此时是否已经回到临海?从办学的常规来说,正月十五之前已经开学,徐道政作为校长,应当是回到学校视事了。又五月初二日日记载:"午刻,方洌泉(即六师教员方立,字洌泉)、徐颂橢二君招饮。"过了几天,项士元招方洌泉、徐楚翘等饮:"夏正五月九日(即阳历六月六日——原注),晴。招丁伯坝、方洌泉、吴吟风、尹紫丞、徐楚翘诸同学至馆午酌。"又在台州府文化界与政界、商界等有关社会活动中,徐道政、方洌泉、徐楚翘等出现于公众场合,也出现于县公署等交际活动中。如与上文同日傍晚,临海县知事庄纫秋于县公署设席招待项士元与徐道政等人："申刻，庄纫秋观察招饮县公署。同席者周萍洄、徐病无、毛芷沅、周吉士、杨文斋、何伯栾等数人。见座上有总统徐世昌、审计院院长庄蕴宽手书对联，徐联云：'好种松三径，闲载菊满畦。'书法未脱台阁气象。"可见徐道政、徐颂楒在临海时社会交际活动还是很多的，与项士元等台州府城中的文化人也有密切的交往。徐道政擅书法，觥筹交错之暇，每即兴挥毫，题诗书联，雅士风流，自脱流俗。今保存于临海博物馆的徐道政撰书对联："会心有濠濮间想；高风是羲皇上人。"是送与临海名士辛亥志士时任第六中学教师郭松垞的，是徐道政传世对联中的珍品。综合以上材料看来，徐颂楒和徐颂栻都曾经来六师任教，后来因故（如徐道政夫人身体欠佳，需要儿子照顾之类）徐颂楒就暂时回老家侍奉母亲。徐颂栻当时短期任教或者兼任六师教师？尚难找到确切材料加以证明。徐颂栻字朴人，浙江体育学校毕业。

会心有濠濮间想（上）

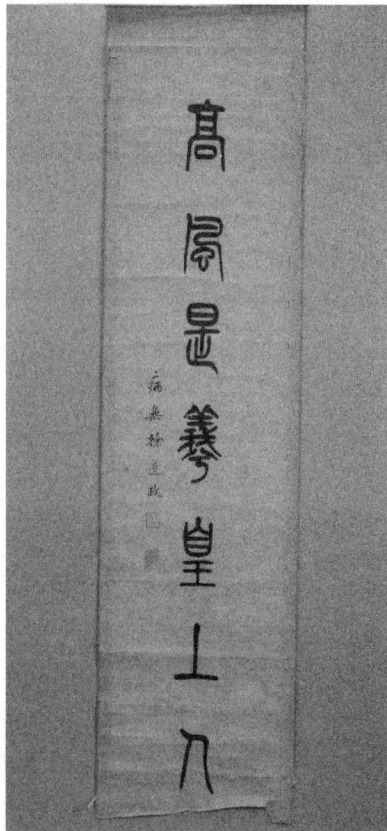

高风是羲皇上人（下）

　　六十年后,当年六师的学生许杰因便绕道台州府城临海,私访"省立六师"旧址,令他意想不到的是,竟然看到了当年徐道政居室旁的硕大的老紫藤。这是从刀斧下遗留下来的唯一熟悉的旧物,顿时一股热流涌上心头,想起了求学时与徐道政校长请教的情景。

　　1977年5月,我重游雁荡,取道台州,曾经寻访六师旧址,并填词《浣溪沙》一首:

　　十七年少出远门,当年思绪又重温,迷蒙初识读书尊。七七重游何所见,公孙双树护藤根,藤龙遗窟忆旧踪。

　　余年十七,第一次出门远游,就学于临海浙江省立第六师范学校。校舍在北固山麓,为"赤城师范"旧址,其前则为"赤城书院",更前则为"广文书院",盖为纪念唐郑虔谪贬台州,教化启发台州而建也。校内有紫藤花树一株,径尺余,长十余丈,龙盘蛇虬,苍古可爱,想系三四百年旧物。其旁有小屋三间,校长徐道政居之,颜其居曰"藤龙窟"。徐,诸暨人,前清举人,治《说文解字》之学,尝自编《中国文字学》讲义,亲自主讲。余家素贫困,祖父辈辈,皆无读书者。余之入塾就学,无非为略识"之""无",备日后能记账写信之用;余之所以考入师范学校,盖亦为其读书不要钱耳。入学以后,在校长及教师启发下,始识有所谓学问及读书为学之意义,乃立志读书,发奋为学,距今已六十年矣。白发皤然,一事无成,欲寻昔日游踪,不知有否旧时踪迹?有人以台州师范校址相告,乃往视之,则面目全非。依山势辨之,旧时校址,当在其更东山麓。再向东行,则为临海一中(台州中学文革时改名为临海第一中学,简称临海一中——引者);约略辨认,仿佛似之。时该校正举行运动会,行人出入者甚众,余亦未经通报,径行步入,亦固无人与识者。余缓步从容,忽于运动场侧面,隔一短墙之空地上,遇见银杏树二株,高高并立,大似旧时遗物。趋前观之,则其间地面,正横卧老树根一株,上有历历斧痕,似欲砍去而尚未砍挖干净者。吁,此即所谓藤龙之藤根乎!余为之凄然者久之。一时感慨多方,许多往事,似乎历历,却又模糊,真不知作何感想也。

在五四运动风潮的鼓动和波及下,六师学生在台州府城里积极响应北京学生运动,并在台州府城关内外、临海县东部重镇海门镇(即今台州市椒江区)等地搜查日货,劝用国货,抵制日货等,风潮波及台州各县。项士元倡议设立救国协会,被推举为"临时主席",并被推为"正式评议部主任"(五月廿五日日记)。徐道政与府城内的第六中学、回浦中学、女子师范等校师生参与,罢课、集会、游行、演讲是当时风尚。如五月十四日(1919 年 6 月 11 日):"晴,热。周萍泂、徐卓群、冯静涵诸君来。中学校、师范学校同日宣告罢课。"项士元注:"是日得部定即日放假。"这次罢课影响很大,教育部便率性宣布放假,让学生回家,以免闹出更大的事情来。五月廿二日:"下午,至师范校,晤徐病无、齐星伯、徐楚翘。"也是为处理抵制日货等事。这一年社会活动风起云涌,徐道政与项士元交往特别密集,大概是在秋冬间,徐道政为项士元题《西湖读书图》。此图为莽汉作于己未初夏,即 1919 年 5 月份。1919 年 10 月 19 日,海门商学联合会查得大批日货,但被一众货主率人夺回。海门商学联合会派人到临海找项士元,要求府城

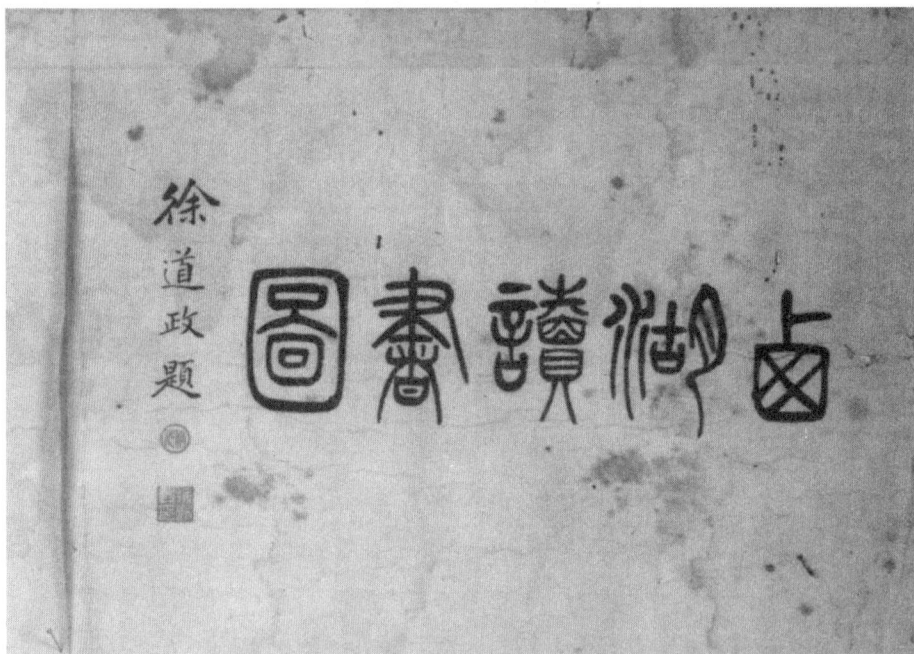

徐道政题《西湖读书图》插图 1

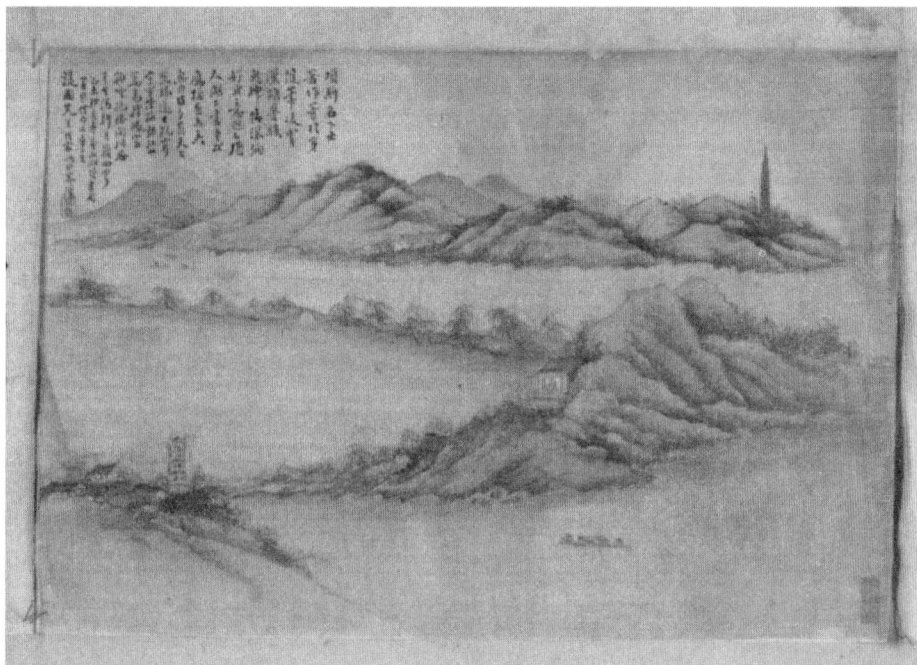

徐道政题《西湖读书图》插图 2

各团体派遣人员赴海门援助，台州救国协会派遣代表蒋径三等十人赴海门镇交涉。10 月 21 日，海门商学联合会以奸商恃势逞蛮，复电催台属各团体赴海门支援。10 月 22 日，救国协会会员及浙江省六中、六师各校学生四百余人集队赴海门。临海县知事庄纶仪（纫秋）柬邀救国会会长项士元（元勋）、六中校长毛云鹄（芷沅）、六师校长徐道政（病无）、劝学所长严秉钺及县政府科长李超群、谢锡爵等，公推项士元、严秉钺、李超群、徐道政、毛云鹄、张冶、郑粹夫、张任天八人赴海门，由黄继忠、陶寿农等出任调解。10 月 24 日府城六师、六中援海门学生与在葭沚、海门的省立甲种水产学校、椒江甲种商业学校、清献中学等校学生汇聚，各校学生及各团体代表六百余人集会于海门镇大校场，声色俱壮，整队至商会前游行示威，以示抗议。海门镇守使何丰林派阮参谋长出任排解。商讨良久，后来项士元提议由路桥周天成、陈天兴、新大昌、宜兴泰各号缴出日货白布五十匹，作为临海、黄岩、天台三邑救济贫孩之用。众怒始渐平息。

　　嗣后台州府城各校学生，主要是第六师范（俗称男师）、第六中学和台属六县联立女子师范学校（俗称女师）、回浦学校等校的学生激于爱国义愤，尤其是日本当时强占山东半岛原德国权益,打伤学生与警察,大批倾销日货等一连串事件,在中国南北各地引发普遍愤慨,青年学生掀起了一次又一次的反日运动,也酝酿成反校长,反官僚主义等学潮。1920 年夏,徐道政离开了第六师范学校校长之任,此后再也没有走上校长的工作岗位,后回到诸暨化泉乡(今隶属璜山镇)黄畈阳老家,息影林泉。以前不知道徐道政被免职的时间,也不清楚被免职的原因,只是推知其去职时间大致是在民国九年夏,近来从项士元《日记》中找到当时的记录,为打开这扇封闭已久的历史之门提供了一把钥匙:民国九年五月"十七日,雨……闻浙六师校校长徐病无已撤任。继之者周致和,亦诸暨人也。(撤任之原因,因为青岛问题罢课之故——项士元原注)"。这是目前所见有关徐道政撤任时间与原因的最原始、也是最接近原貌的史料。不久,这位新来的六师校长便来登门拜访了。五月"廿九日,张知返及六师校长罗志洲来访(字道晋,绍兴人,武昌高等师范学校毕业——项士元原注)"。而项士元也于翌日回访:"卅日,大风雨。下午偕(严)梓恭至师校回拜罗道晋校长。"可见徐道政被撤职是在五月十七日(阳历 7 月 2 日)或早一两日,原因是当时六师学生随同全国青年学生为争回山东半岛主权而起的学潮。项士元对其继任者罗志洲也从陌生到相识,起初连罗氏的名字与籍贯都未搞清楚,这在其日记中留下清晰的轨迹。因此,徐道政在省立六师当校长,出版了一部在当时反映不错的《中国文字学》教材,其学者与名师的形象得到进一步的树立,社会地位又高,又随浙江省教育代表团考察日本,大开眼界,年龄在五十四五岁,正是人生与事业的黄金时期,可谓顺风满帆,大有作为之际,却突然去职,未免令人为之叹惜啊。

徐道政在六师当校长四年,与台州文化教育界知名人士多有联系和交往,其中有项士元(1887—1959,名元勋,字士元,号慈园,别号石楼,室号寒石草堂。是一位才高学富、能力出众的学者、记者、教师,更是一位十分活跃的社会活动家,是当时台州极具人望的第一流文人,首屈一指的文士清流冠冕。1919 年五四运动爆发后,项士元在临海发动民众声援,组织台州救国协会,被推举为会长,6 月创办《救国旬刊》。北伐战争时投笔从戎,任民国革命军第二十一师司令部秘书。一生以办报、办学为职业,曾任《之江日报》社长兼主笔,《杭州国民新闻》副社长,《杭州市报》主笔,"九一八"事变后创办《救国晚报》,宣传抗日救国。民国元年创办临海私立高等小学堂,即回浦学校前身。翌年在东湖创办赤城初级师范学校。徐道政来六师时,项士元为六中、回浦中学国文、修身课教师。1918 年被县知事庄绉秋委任为临海图书馆馆长。与徐道政意甚相得,教学之暇,诗酒唱和,保留在项士元《日记》中的徐道政行踪,也可以帮助我们考证有关难得而真实的历史瞬间。像徐道政民国八年初访日考察教育回国,二月七日回到上海,之后便无文字记载其行踪,在项士元《日记》中,有"三月十九日(阳历 4 月 19 日),阴。徐病无、张巨川、卢振声诸君来",那么徐道政至少在三月十九日之前已经回到六师视事了。又"四月二十二日,雨。与卢振声合旻、庄绉秋观察、章省溪警佐、徐病无校长、郎剑甫太守、何肃堂光禄。未到者李台甫、谢作霖、毛芷沅、周吉士四人",是记载当时台州府城里文化教育界重要活动,徐道政是代表人物之一。又"五月夏正五日……(阳历 6 月 6 日——项士元原注),晴……申刻,庄绉秋观察招饮县公署,同席者周萍涧、徐病无、毛芷沅,周吉士、杨文垒、何伯葇等数人",是一次头面人物的宴席社交活动。到"五月十四日(阳历 6 月 11 日),晴热。周萍涧、徐卓群、冯静涵诸君来。中学校、师范学校同日宣告罢课。下午四时开评议会。(是日得部定即日放假——项士元原注)",是台州学生发起"抵制日货"运动的一条重要信息,由项士元为代表赴海门(今椒江)调解,经过数日反复努力,终于以商家交出部分日货平息众怒,商界与学界达成协议,成立商学联合会,握手言欢结束。到"五月廿二日(阳历 6 月 19 日),晴。下午至师范校,晤徐病无、齐星伯、徐楚翘,继至爱国新剧团,晤吴全涛、赵洲诸君"。可见徐道政和徐楚翘都在六师,与项士元等人关系密切。徐道政在六师期间也是台州有关重要社会活动的活跃人物,民国八年(1919)夏天,府城发生疾疫,"疫疠流行,城厢内外,死者枕籍"(项士元等致临海县知事庄绉秋书)。六月廿九日(阳历 7 月 26 日)项士元等召开防疫筹备会,徐道政为助推府城防疫救治的科学实施亲笔拟订条款《拟防疫法数条》,就是其中一例。据项士元七月初一(阳历 7 月 27 日)日记,项士元与郎庆祥等十二人致函县知事庄绉秋,鉴于"迩来天时不正,疫疠流行,城厢内外,死亡枕籍。祥等目击惨状,回生无术……金以预防之法,非设立专所,难期肃清。周议定在本城适当处所,设立临海防疫公所",经费先由县公署拨垫,所长一职,恳请庄知事"俛顺舆情,出而仔肩。事关民命,勿却为幸",就是由县知事担任所长。是夕项士元"又致函徐校长病无",则此件《拟防疫法数条》可能是七月初二或近日所拟。七月初三,下

擬防疫法數案

一、設防疫事務所

一、特僱防疫清道夫數千名婦條街巷之污積之物

一、取締飯館及菜場不自出售腐物

一、請中西醫生日駐事務所畫義務

一、凡疫防藥品儲所內自出資

徐道政拟防疫法 1

一、腐物……以上二条由……署……而以……务……宪……之

一、而酌俟去马

一、請中西醫生日駐事務所畫義務

一、購防疫藥品儲所內　費者祀之有錢也　自出資

一、多派印刷物诗以病狀及治療之　佐預防之法分就所醫治之教則

一、防疫以城內為限

一、御捐防疫任費　徐病無擬

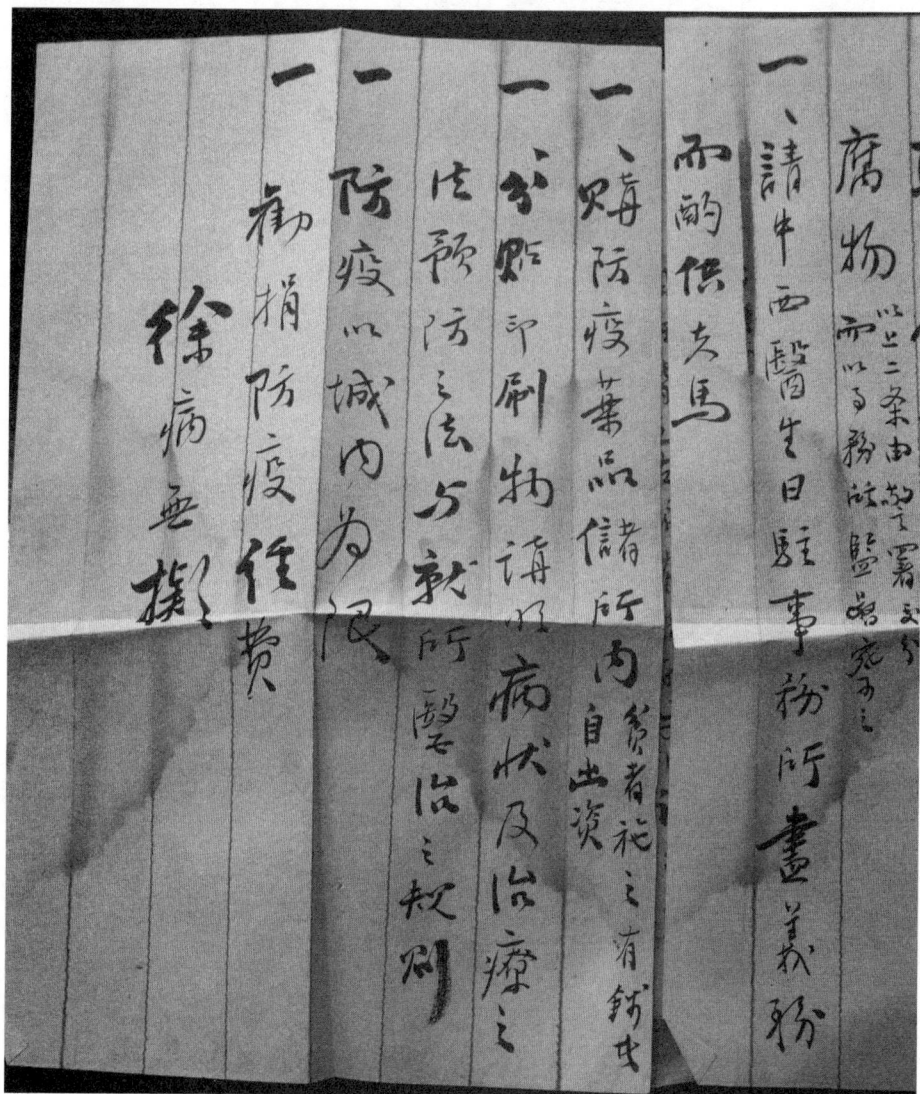

徐道政拟防疫法 2

徐道政拟防疫法 3

午县防疫公所即奉省电核准，召集有关人员商议防疫事宜。可见当时为防疫之事，上下同心，十分重视，效率很高。这次发生的疾疫是霍乱，据项士元选钞《石楂见闻录》云："夏秋之交，气温升降，陡然无定，颇适于霍乱菌之发育。加以饮食物之不洁，生活之卑陋，再有传染之机。此而不染，彼亦可罹。发生之条件多，而且易防止之方法少而且难。苟不思患预防，大祸将至"云云。项士元《日记》七月初八日，"下午至防疫公所讨论防疫事"……"防疫公所设立未及数日，据调查报告：染疫（霍乱及吊脚痧）死者已十六人"，"救起者不下数十人，其中以劳动界人尤居多数。闻东南各乡近亦渐有传染，海门一埠为尤盛云"。可见当时防疫形势之严峻，民众罹患之凄惨。民国八年县知事武进庄纲秋上任后，组织保粹学社；项士元乃与徐道政等组织赤城诗社，每月为诗酒之会。见《项士元自订年谱》。项后又担任浙江第十一师范学校、上海仓圣明智大学、浙江美术学校、蚕桑学校、杭州安定中学、清波中学教员，杭州民生中学校长，抗日战争期间返回临海，任回浦中学、省立医药专门学校、省立高级医事职业学校等校教员，浙江省史志馆浙东办事处主任。一生好学不倦，博览群书，凡所涉猎，无不卓然名家，在经学、史学、文学、金石、方志、目录、民俗、语言、医学、新闻、佛学诸领域，均卓有建树，著作等身。有《台州经籍志》《临海要览》《浙江通商史迹》《浙江新闻史》《慈园评论集》《寒石草堂诗集》等近百六十种）。杨镇毅（1876—1960，字梓青，又字子卿，临海县人，十九岁中秀才。光绪二十二年赴杭州入紫阳书院求学，旋入诂经精舍，与章太炎同师事俞樾。二十八年，补廪生，先后任桃渚鹤峤书院及东湖书院山长。三十一年，与黄岩王燮阳创办赤城公学于杭州金刚寺巷。三十二年，东渡日本，入弘文书院，结识陶成章、秋瑾等，入光复会。三十三年春回国，任赤城公学教务长。时秋瑾等筹划浙皖起义，杨镇毅率学生屈映光、周琮等回临海，创办耀梓体育学堂，任监督，作为光复会在台州的秘密机关。大通事发，秋瑾就义，杨镇毅被调任温处省视学，并被推为浙东八府教育总会副会长。三十四年秋，入浙军二标任书记官，在新军中从事革命活动。宣统三年辛亥秋，赴上海参加攻克江南制造局之役，任光复军参谋长兼顾问长。又与李燮和等筹建光复军一个师，招台州兵一营，参加江浙联军会攻南京，杨镇毅亲与其役。曾代李燮和起草致电袁世凯，促其归顺共和，勿与革命军为敌。1912年春，民国成立，任浙江都督府评议部参议官。1914年，任浙江巡按使公署机要秘书及省惩戒委员会委员长。是年冬,离开政界,退居家乡。1919 年前后,曾旅居上海数年,常为《申报·自由谈》撰稿。1925 年,开始学佛,也曾营救过共产党员和进步学生。1939 年,寄居临海城西龙山古刹,作《龙山唱和诗》十首及《竹筇谣》等。20 世纪 50 年代之后,热心文史资料整理,并将保存多年的辛亥革命历史文物捐献给国家)。陈铭生(陈懋森,字铭生,临海县城关人,清光绪间中秀才。以教馆为业,后独力修志,带着冷饭,穿着草鞋,遍访全县,有闻必录,巨细不遗。卒成《临海县志稿》六十五卷,惜未梓行。今临海市方志办选用其志稿,分期刊印于《临海史志·旧志点校》中。另著有《台州咸同寇难纪略》一书,记录太平天国在台州史事)等。

第五节　弦歌余韵绕天台

　　徐道政在省立六师前后四年时间里,足迹遍及府城内外山川名胜,歌颂自然风光,抒发怀抱之作不少,若算上他的《天台纪游》和《东游草》两个诗集的话,那么这台州任教的四年,是徐道政诗歌创作极其旺盛的时期,也是他迄今存世作品最多的时期。

　　前贤对于在实践中学习与书本上学习是高度重视的,所以以前有"读万卷书,行万里路"之说。如今有所谓"研学旅行"作为国家提倡行动,将学生学习与游历城乡山川结合起来,增长见识与才干。而徐道政在百余年前率领学生往天台山游览,一路步行,一路观赏自然风光,一路与友人吟哦不绝,留下了一册游览诗歌专集《天台纪游》,可谓极可把玩品味。

　　这次游天台之行是在民国七年(戊午,1918)三月卅日(徐道政在《天台纪游》前言中原作四月卅日,即阳历 4 月 30 日。当是误记,该年清明节前六日,是阳历 3 月 30 日,星期六,阴历二月廿九日。故四月当改正作三月),本来定于三月二十八日(3 月 28 日)起程,因下雨延迟。《酬项士元送游天台山步原韵四首》之一:"故人闻我入名山,诗句如花带笑颜。可惜桃源春欲老,落红流尽碧潺潺。"诗后自注:"天台之游定三月廿八号起程,阻雨滞。"三十日正是好天气,又是星期六,清明节前六日,连日春雨刚刚放晴,徐道政和友人杨聘才,教员张味真(名冶),方冽泉(名立,义乌人),邱梅白(即邱志贞)以及次子徐颂械(字朴人),

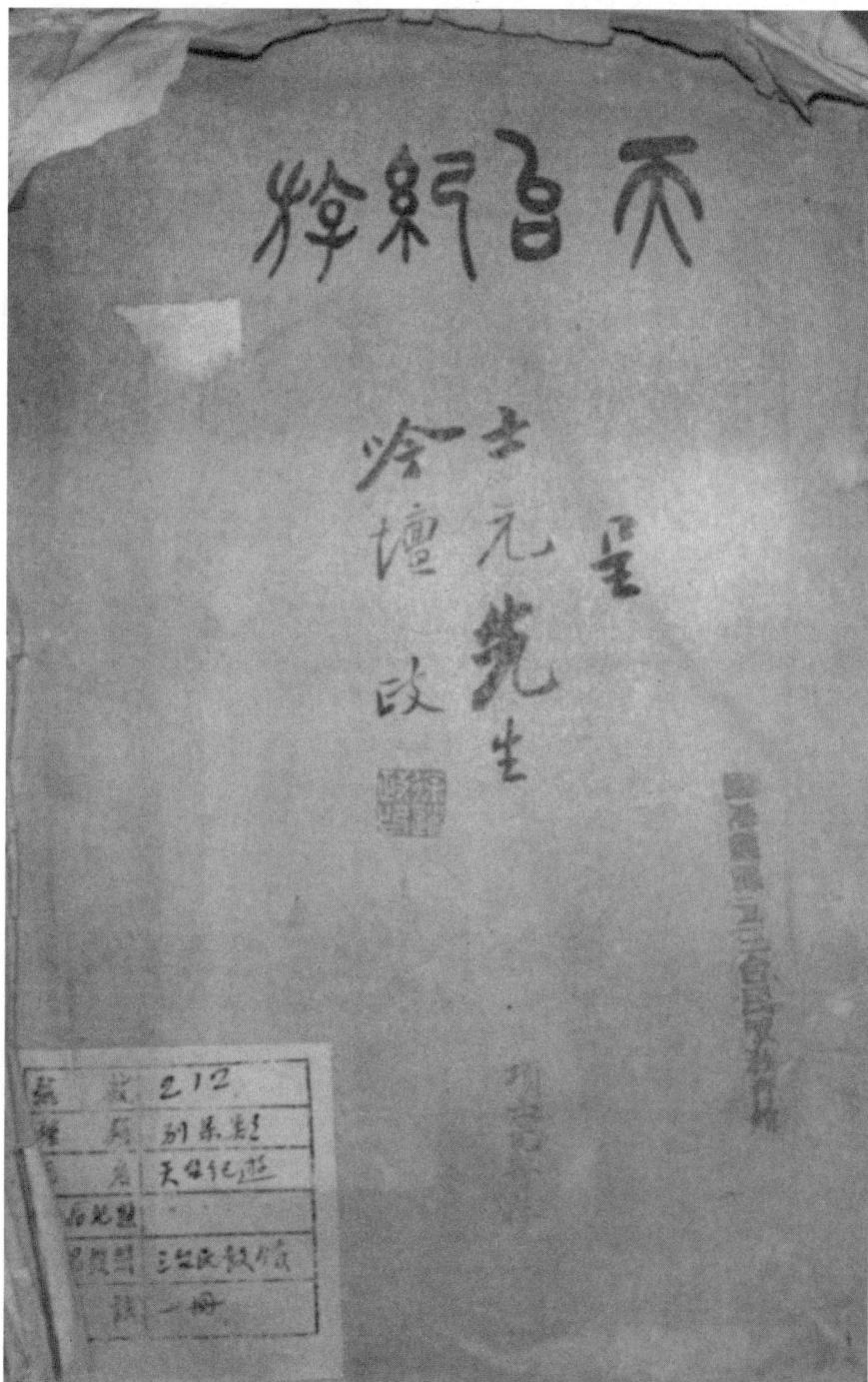

徐道政《天台纪游》1

在昔宣尼之門嘗皙興言浴沂樊遲從遊舞雩撖修之暇不廢登
臨誠以流覽山川察觀動植鳶飛魚躍艸長等禁皆足暢天機而
助生意至於山谿之夷險城郭之廢興社會風俗之美惡農作勤
惰物產衰旺皆與學業有關學校之有修學旅行此物志也天台
名山甲于東南高僧隱士之所窟宅靈芝神州長松怪石飛瀑懸
泉蓋自孫公作賦以來驗人墨客之題詠遊記見諸方外等志者
不可殫述余自束髮讀書即耳其名莒念卅有餘年塵務羈縻歷
齮未暇深以為憾丁巳秋奉徽主第六師校天台近在百里笑曰
吾乃今得遂夙願矣越明年仲春清明之前六日陽曆四月卅日
風雨初霽率學生四十人偕友人楊君聘才教員張君味真方君

徐道政《天台纪游》2

列果邱君梅白。及兒子頌橫竹杖麻鞋襃琴榼酒以赴卅年結想

一萬八千丈之天台。苦避朔之有限恨登陟之未同所幸山靈加

惠收雲藏兩而所至寺院禮遇殷勤乃得盡其遊興觸目與懷感

為咏歌得三十首奇景靈狀非独翰所能帳愓付之油印共證鄉焉

自天台歸之明日病无記。

徐道政《天台纪游》3

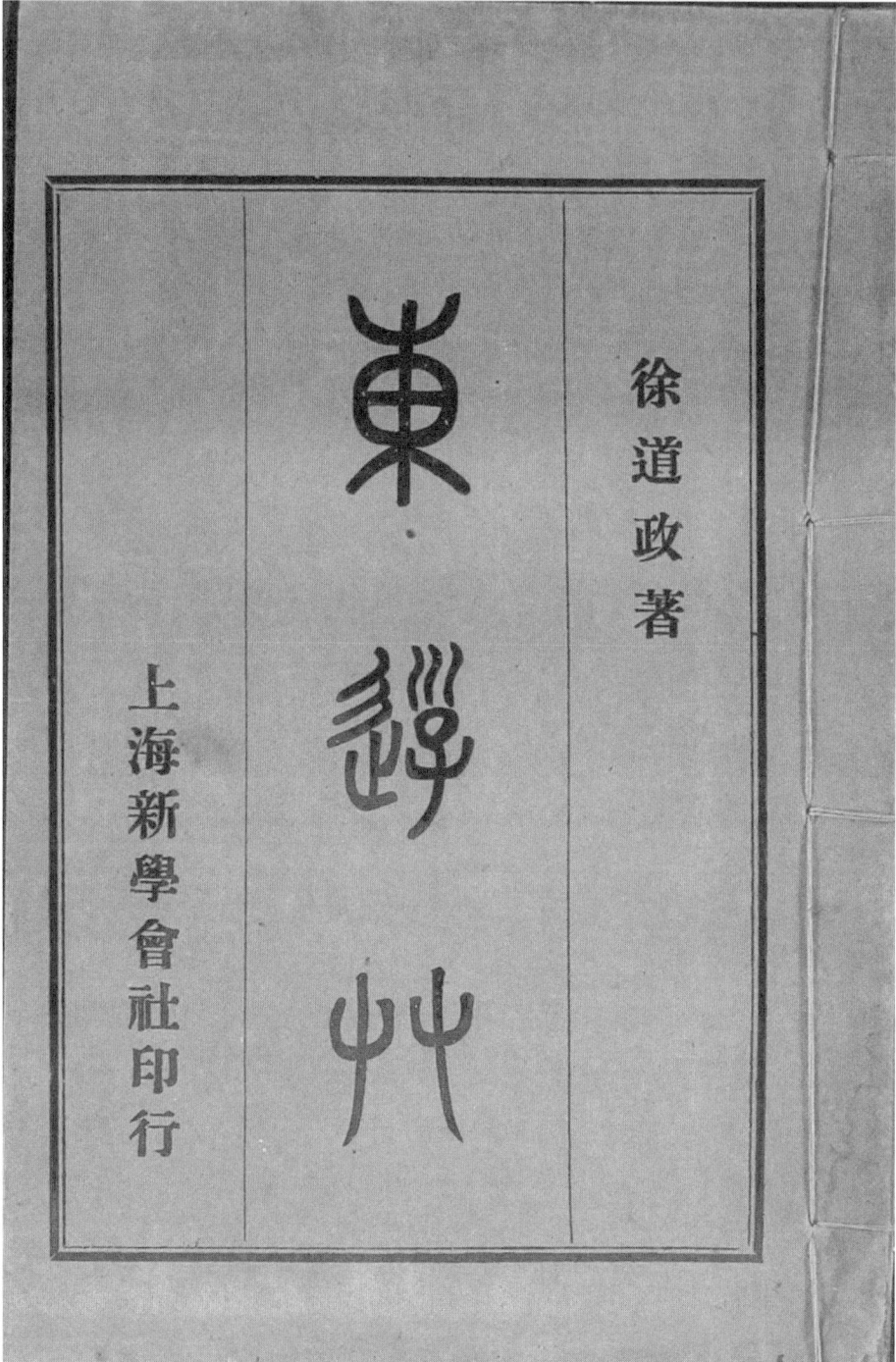

東游草

徐道政著

上海新學會社印行

东游草 1

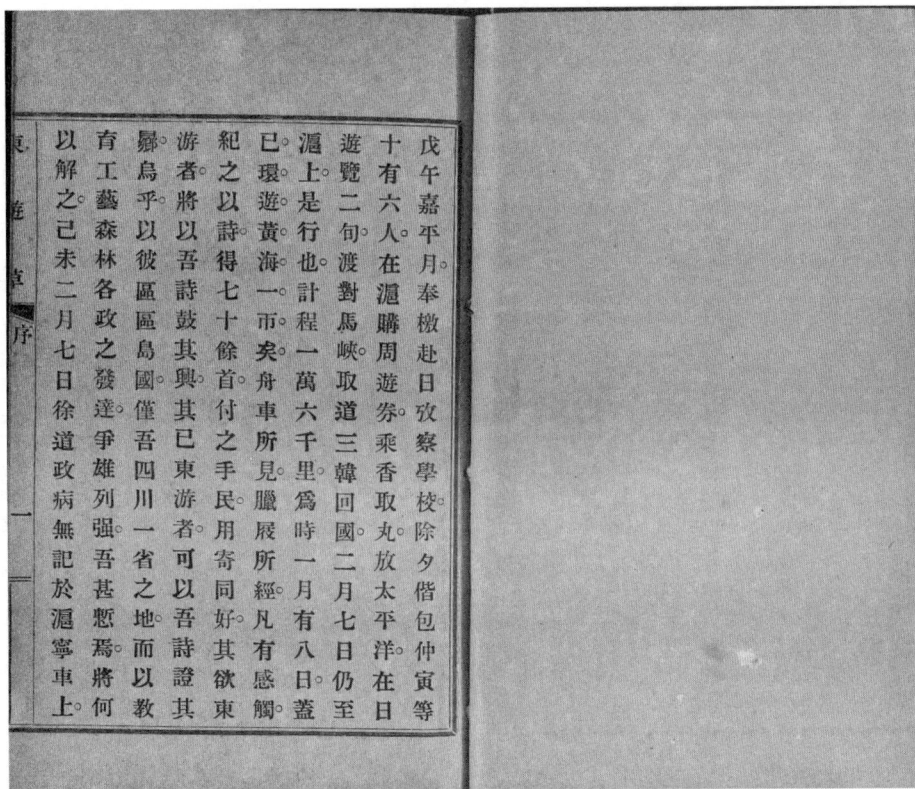

戊午嘉平月奉檄赴日攷察學校除夕偕包仲寅等
十有六人在滬購周遊券乘香取丸放太平洋在日
遊覽二旬渡對馬峽取道三韓回國二月七日仍至
滬上是行也計程一萬六千里爲時一月有八日蓋
巳環遊黃海一帀矣舟車所見臙展所經凡有感觸
紀之將以詩得七十餘首付之手民用寄同好其欲東
遊者將以吾詩鼓其與其巳東遊者可以吾詩證其
舉烏乎以彼區區島國僅吾四川一省之地而以教
育工藝森林各政之發達爭雄列强吾甚惄焉將何
以解之己未二月七日徐道政病無記於滬寧車上

（竪排書名：東遊草序一）

东游草 2

率领学生四十人,穿着麻鞋,拄着竹杖,还背着琴,提着酒,前往这座朝思暮想了
三十多年的名山,只怕游观时间紧迫,难以走遍各景点,幸亏天公作美,山灵保
佑,得以走遍天台山中各处有名景点。又加山上各处寺院僧侣均十分热情和
善,招待殷勤,让徐道政一行尽兴而归。此行途中徐道政兴致很浓,情绪高涨,
于是"触目兴怀,发为咏歌",得诗三十首之多。还可惜天台山上的"奇景灵状,
非拙翰所能恍惚"(恍惚犹如"仿佛",连绵词,这里是描写、摹拟之意),将此三十
多首诗作付之油印,公之于同好。这便是能够在百年之后搜寻到徐道政《天台
纪游》的缘由,更重要的是徐道政将这次天台山之游的《天台纪游》诗集赠送与

"故人"项士元,项士元在20世纪50年代捐赠与台州地区文管会①,就是现在的临海博物馆的前身,连同徐道政后来访日归来所作《东游草》一起收藏于其中,才有"发现"徐道政存世诗歌并加以重新整理。当然这是后话了。

徐道政对于我国传统"读书行路"的古训有着深刻的认识,也有自己独到的见解与体会。他在《天台纪游》前言中写道:"在昔宣尼之门,曾皙兴言浴沂,樊迟从游舞雩,藏修之暇,不废登临。诚以流览山川,察观动植,鸢飞鱼跃,草长花荣,皆足畅天机而助生意。至于山溪之险夷,城郭之废兴,社会风俗之美恶,农作勤惰,物产衰旺,皆与学业有关。学校之有修学旅行,此物此志也。"这一段话述以白话,大意是:以前孔夫子的门下,曾皙提倡到沂水中游泳,樊迟跟随先生游览舞雩,由此看来,古代的读书人在读书研究之余,也不拒绝登山临水。这实在是因为流览山川景色,观察动物植物,像鸟飞翔,鱼游泳,草生长,花开放,都足以助长人的天性与生机。至于高山河流的高峻与平缓,城郭的兴盛与衰败,社会风俗的美好与丑陋,农家耕作的勤力与懒惰,物产的丰富与短缺等等,都与学业的修为养成有关。学校之所以有修学旅行,正是基于以上的缘由。

这简直就是今日研学旅行的行动宣言。下面他还写到对天台山的认识与向往的由来:"天台名山,甲于东南,高僧隐士之所窟宅。灵芝神草,长松怪石,飞瀑悬梁,盖自孙公作赋以来,骚人墨客之题咏游记,见诸《方外》等志者,不可惮述。余自束发读书,即耳其名,蓄念卅有余年,尘务羁缚,登跻未暇,深以为憾。丁巳秋,奉檄主第六师校,天台近在百里,笑曰:'吾乃今得遂夙愿矣。'"意为天台山是名山,自从孙绰写作《游天台山赋》之后,高僧隐士、骚人墨客题咏赞颂之作,见于《天台山方外志》等志乘记载者不知道有多少。徐氏从小读书时就知道天台山之大名,极想前往一游,但因事务缠身,无法实现;丁巳年秋天出任六师校长,离天台百十里地,终于可以了却三十多年的夙愿了。

在这次天台山之游中,徐道政的心情十分欣喜活跃,通过他的观察记录,用充满深情的言语,以独特的笔触,化作诗歌点染,留下许多历史的画面,给后人

① 项士元20世纪50年代向国家捐赠图书文物:项士元于1950年从杭州回到故乡临海,1951年3月被推为台州文管会委员兼征集组组长,并举办了台州专区第一次文物展览会。他将自己收藏的三万多卷书籍、四箱名人字画和十五箱文物,全部无偿地捐献给了县图书馆和博物馆。

以品味咀嚼。如他写从临海出发前往天台山一路上的情景,诗云:"群峰雨洗翠成堆,朵朵青莲映水开。百里晴江春浪满,山人木筏顺流来。"诗后自注:"由临海上天台,计程百里,沿始丰溪,两岸高山,路在山腰。时春雨初晴,溪水满江,山人编竹木为筏,横江而下,致足观也。"这是写春雨霁后始丰溪两岸春山翠色之景的,还以自注形式交代当时山人(即山民)利用溪水上涨之机,放下木筏,到府城临海,甚至到下游城镇销售货物的景致。又云:"溪畔沙田杂石坡,松篁以外麦苗多。忽然喧耳水声沸,知有居民着水磨。"自注:"溪畔沙地多栽松竹,风景绝佳,居人激水安磨,至水声大处,松竹间有水磨在也。"这是写溪畔农田、松竹及其所种庄稼的景象,特别是溪畔百姓利用溪水建成水碓(水磨房)的情景,有声有色,生动传神,令人读之如身临其境。赤城山有天台山南门之称,其山层叠如城垛,色赤如火烧,故名赤城,又名烧山。上有名列道教十大洞天之六的圣地"盖竹洞天"——玉京洞,山顶有一地标性建筑梁妃塔,成为天台大八景中"赤城栖霞"的点睛之笔。唐贤孟浩然游天台,对赤城十分喜爱,写下了"来去赤城中,逍遥白云外"这样潇洒飘逸、不带烟火气的"清词丽句"。徐道政追慕前贤,其诗云:"峻嶒古塔六朝前,上有丹丘白玉仙。荡荡漆城三百雉,朱楼隐约入云烟。"自注:"出天台小西门半里许,即望见赤城,绝顶有古塔,系梁岳阳王妃所建,上半已断。"诗中的"丹丘"是古代神话传说中神仙居住之地,昼夜通明,此以代称天台和赤城为神仙之境;白玉仙指隐居于此修炼的著名道士白玉蟾,也是历史上道教南宗的著名人物;尾联写赤城山的巍峨宏伟高耸入云,上有琼楼玉宇,仙子缥缈,令人神往。在诗人的笔下,天台山上的一草一木,一水一石都有特别的意蕴,有奇特的光环,像赤城山麓的赭溪石头都是红的,"赭流溪水澈底红";赤城山上落下的瀑泉,是天上仙女随风唾下的口水,"朱栏十二凭玄女,咳唾随风落九天"。他也写下了游览中所见的天台山种种奇特现象,如天台山民开垦梯田,层层叠叠,高达上百层,令人惊叹:"山农不识山居苦,处处山田石筑成。"自注:"天台山民累山石成田,竟有叠至百层者。"可见其观察视角触及普通百姓的田作之苦。也写出了普通山民自由劳作,自给自足生活的悠然情调:"山民草木记春秋,不解沧桑不解忧。茶叶千丛竹万个,人称南面小诸侯。"这颇有点"吾爱吾庐","虽南面王不易也"(即使给我做皇帝,我也不与他交换)。徐道政在国清寺也发现很多崇拜甚至佞佛(迷信菩萨)的现象:"迦蓝殿里烟霏霏,夜夜春婆有梦祈。郎为昏姻侬为婿,更深化作蝶双飞。"自注:"国清寺迦蓝殿祈梦男女,日数十人,禁止不得。今天台知事张君,使警隔离卧处。"这是记录青年男女为婚姻前来祈求菩萨,而天台县知事派警察前去阻拦,以防止佞佛淫祀之风的泛滥。昏是婚字的古字。天台山从智𫖮(智者大师)传教于此,佛教场所很多,连山顶的华顶山都遍布佛教寺院、茅蓬(简易的佛教场所),有许多出家人在这些地方诵经念佛,起早摸黑,勤苦修炼:"茅龙处处出经声,牵萝补屋衣未更。一钵一瓢斋饭少,长馋三尺劚黄精。"自注:"台山茅蓬数十,尽在华顶坿近,以妙峰、药师二庵为最大,居僧多贫。"为补充斋饭的不足,连黄精(药用植物,又名老虎姜,状类生姜)也拿来充饥。徐道政对天台山的喜爱,主要是小时候读孙绰的《游天台山赋》所写的山岳神秀景象,后来读到永嘉(今温州)乐清人王十朋《会稽三赋》,尤其激发了他对这座东南名山的喜爱,山上的石梁飞瀑与方广寺,是他特别向往和喜欢的胜景。他说:"至'五泄争奇于雁荡,四明竞秀于天台',便仙仙有凌云之志。然吾游天台,耿耿不忘者唯方广寺石梁。"(《雁荡山志徐序》)他到石梁飞瀑观览后,与方广寺方丈物成和尚有交往,作《石梁观瀑寄方广寺方丈物成和尚》《石梁飞瀑三首》等诗;前者为七绝,其一诗云:

> 迢迢云汉跨飞虹,万斛明珠一泻中。
> 天半忽经风荡散,霏霏寒雨下晴空。

这是形容石梁飞瀑倾泻的瀑布犹如从天上倾倒下来的万斛珍珠,被半空的风吹散,变成寒雨落下来。其二:

> 山口巧支织女机,上悬一匹布迷离。
> 我来拾得桥边石,要向君平问是非。

天台山上石梁的奇特是因为有湍急的水流从石梁下穿空而下,是举世罕见的奇景,诗人把瀑布比喻成织女在此处支起织布机所织成的布,瀑布变幻无穷,光怪陆离,令人叹为观止,诗人要为这神奇的现象去向善于卜筮的严君平问个明白。其三:

藏经楼外水潺潺,古木阴森六月寒。

要与山僧同结夏,饱看飞瀑洗心肝。

方广寺是石梁上下著名的寺院,有上、中、下三座方广寺,其中上方广寺主体建筑为清朝重建,飞梁画栋,精致绮丽,甚于中、下两座方广寺;更重要的是寺院内有藏经阁,贮藏雍正敕赐经文七十二函,分装十八橱。还有历代文人题字等,仅清朝名家题咏就有阮元、钱大昕、朱伦瀚、孙衣言、陆润痒、俞樾等人的手迹,颇为珍贵,也是令诗人感兴趣的。20 世纪 50 年代后渐趋式微,又因将此寺改作他用(寺内办了竹器厂),和尚难以立足,疏于管理,寺院前后两次失火,最后于 1977 年因取暖失火,致使殿宇荡然无存,前贤书翰尽付劫灰。诗人所写首联"藏经楼外水潺潺,古木阴森六月寒"便是三处方广寺的写实之景,尾联表达了要在此地长住度夏,把石梁飞瀑看个够,让清澈的瀑泉把自己的心肝洗涤纯净。他写的《游方广石梁》诗,更把自己对此山水胜景的喜爱凝炼为:

北驰双涧汇流多,并入云关逗穴过。

万斛量珠悬玉准,二龙交唾落银河。

灵源不竭自今古,玄感几人托逝波。

此是天台第一景,不知庐瀑复如何?

天台山的石梁飞瀑实在是一处不可再得的胜景,即使相较于世界名山,如天台石梁者亦足可称绝,叹为观止。诗人把她的瀑泉比喻成万斛珍珠自天倾泻,把上游二股涧水比成二龙吐水从银河而落下,用尽想象与联想,笔下生景,口吐莲花。尾联直抒胸臆:"此是天台第一景,不知庐瀑复如何?"就像石梁下长流不息的飞瀑一样令人激起强烈的共鸣。这首诗堪称此次游天台的名作,也是歌颂天台山古今诗歌中写石梁飞瀑的名句。很多文人墨客都"一入天台便是仙",对石梁飞瀑印象深刻,所以诗人后来一再提起,对石梁飞瀑的美好印象念念不忘,魂牵梦萦,真是有原因的。

上方广寺 1

上方广寺 2

　　徐道政天台之游,游踪遍及各主要胜景,见诸诗作的景点有:天台县署,作有《观天台县署老桂神缸》;天台山,有《天台山行所见作竹枝词四首》;赤城山,有《赤城纪游三首》《望赤城》;国清寺,有《赠国清寺方丈一挥和尚》《下天台山经国清寺》;石梁,有《石梁观瀑寄方广寺方丈物成和尚》《石梁飞瀑三首》《游方广石梁》;华顶,有《华顶道上三首》;高明寺,有《高明寺四首》,《游高明寺》;拜经台,有《登拜经台》;桃源,有《桃源吟》;天台中学,有《宿天台县中学校赠金辅生谢竞夫》《酬金辅生送别步原韵两截》。可以看出,这次天台山之行主要集中于天台山与赤城这一块,桃源、华顶属于行程较远之处,但未见桐柏游踪,天台西部的寒山子隐居处寒岩、明岩也没有游踪,便是时间有限,无法往游。此行除饱览天台山的上述各主要景点之外,还与天台教育、文化、宗教各界有关人士切磋交流,如借住于天台中学,与其校长等重要人物金辅生(金钥,字甫笙,1883—1948,天台中学堂创办人金文田第四子。邑庠生,毕业于上海理科专修学校,一生任多所中等学校校长、教员。1915 年 1 月至 1925 年 9 月任天台中学校长。曾邀康有为、屈映光(文六)来校演讲。当时天台中学的学生来自天台、新昌、东

石梁飞瀑

阳、宁海、永康各县。徐道政记金甫笙、谢竞甫之名字有差失,最大的原因是由于方言的关系)、教导主任谢竞夫(谢干,1884—1975,字竞甫,天台宁协乡人,浙江两级师范优级数科毕业。1913 年起任天台中学数理化教员二十三年,曾兼任教导主任、代理校长,任县教委会委员三年。一生从教五十二年,有"数学活字典"之誉)的唱和,在国清寺与其方丈一挥和尚、方广寺与其方丈物成和尚(清上海南汇人,有《天台山志》之著)的交往等,都是很有代表性的。还有此行中与六师教师、时任临海图书馆馆长的项士元有唱和,与其同行的校国文教师也是徐道政的古琴教师张味真有唱和,这些诗人雅唱不仅为赞颂天台山续写新篇章,更为浙东唐诗之路续写了新的篇章。

第六节 远渡东瀛详考察

民国四年(1915)八月,教育部在北京召开全国师范学校校长会议。此次会议拟定了《师范教育进行方法意见书》《关于整顿全国师范教育之意见书》《女子师范特别注意之事项及进行意见书》《资遣师范学校职员游学、游历建议案》《整理师范学校课程标准案》《扩充师范案》等改革和发展师范教育的文件。翌年(1916),全国教育行政会议议决《教师假期修学办法》,此举既为锻炼教师身心之道,又在政府的补助之下,教师可以利用假期休学时机周历考察,开阔视野,亦实为振兴教育之良策。而日本交通便利,文字相通,其维新之成功又可为中国所借鉴。因此政府资助教师假期旅行团,赴日考察教育是当时中央所提倡的决策。

1917 年 12 月,时任浙江省教育会会长、浙江省立第一师范学校校长的经亨颐利用寒假组织旅行日本教育考察团。此举既可直接了解日本文化,又可间接了解西方文化。经亨颐在《函请教育厅转呈省长请补助寒假旅行团川费文》中说:"邻近如日本、朝鲜,交通尤便,顺达奉天(今沈阳)、北京,考察风俗人情,中途更赴曲阜,瞻仰圣陵(指孔子墓),均研究教育之所必需。……爰特于寒假期内,发起日本教育考察团,以日本、朝鲜、奉天、北京、天津、曲阜、南京等处为目的地。"据记载,第一次考察团一行三十二人,由校长、教员、分校长、学监组成,下分三个团,由经亨颐任团长兼第一分团团长,余姚阮性成任第二分团团长,余姚黄越川任第三分团团长,于阴历十二月二十一日(1918 年 2 月 2 日)在上海乘轮船赴日本,分别考察了日本的普通教育、实业教育和社会教育,按照计划路线,历时四十二天,在 3 月 15 日回到杭州。归国后视察团成员分专题介绍实况和收获,演讲日本学校与社会之共鸣。

1919 年,浙江省教育会再次组织寒假旅行日本教育考察团。据《浙江省教育志》记载:"1919 年 2 月,省教育厅组织浙江省教育考察团赴日考察教育,省立各师范校长参加。"徐道政当时担任浙江省立第六师范学校校长,参加了这次赴日教育考察。团长是后来代替经亨颐担任浙江省立第一师范学校校长的陈成仁,这次考察团的人数仅为前次的一半。

据经亨颐的日记所载,这次考察方案在一个多月前就开始准备:(1918 年 12 月 24 日)各师校长将有联合旅行日本之事,余不去,推陈成仁代之。

而组团出发的筹备会则在徐道政离家的四天前召开:(1919 年 1 月 25 日)午膳后,二时至教育厅,各师校长将赴日本视察,开会筹备……

之后又有预备会讨论有关考察事宜。(1 月 26 日)各师校长为旅行赴日开预备会,集视察标准……

在这个预备会上,经亨颐根据自己带团考察的经历,提出了几条本次考察意见,总结了上次视察教育有偏颇的缺点,并由教育会出资"对雪把盏",为视察团钱行。会后有关人员回家整理行装,约定会聚的时间、地点,就出现了本书开头所交代的徐道政腊月廿八顶风冒雪,离家别妻,乘船到杭州赴会的情景。

对于徐道政本人而言,此次赴日考察还有与儿子徐颂薪见面的期待。早在徐道政启程赴日考察前的 1918 年春季,徐道政的三子徐逸樵(颂薪)和诸暨县中学堂校长边甘棠一起东渡日本留学,初读于东亚预备学校,一年后考取东京高等师范学校公费生。这从徐道政《将游日本留别校友》诗中得到印证:"圆峤赤城太白前,一家三处过新年。"徐氏自注:"大儿颂櫍侍母在家,次儿颂械及四、五儿在台郡,三儿颂薪在东京,而余独于除夕渡太平洋。"台郡指台州府城临海,徐道政在六师时带着三个儿子,一个当老师,两个小的当学生。这样的细节若非《东游草》诗集的发现,是难以想象的。

此次赴日教育考察行程总计一万六千里,为时一个月零八日。从上海港上船,到长崎港登陆,考察日本教育情况。二旬,再渡过对马海峡,取道三韩(朝鲜半岛历史上出现的三个部落政权:马韩、辰韩、弁韩,合称"三韩"。此处代称朝鲜半岛,当时已经被日本侵占为殖民地),乘坐火车经安东(今丹东)回国,嗣经奉天(今沈阳)、曲阜、南京,于二月初七(1919年3月8日)回到上海,正好绕行黄海一周。这成为徐道政一生当中极其难忘的经历与体验。徐道政在整个考察行程中怀着极其好奇新鲜的心情,以自己独特的视角与文字表达形式记录所闻所见,"舟车所见,蜡屐所经①,凡有感触,纪之以诗",为后人了解并追踪其行程,观照其为学与为人,尤其是对于徐道政一生从事教育工作的职业生涯,品味与审视当年浙江省教育系统官员赴日考察的情况,提供了极其珍贵的历史材料。这次考察日本教育,在其《六十生日作》诗中也以简洁的文字述及之:"偶然随海客,东渡一谈瀛。"

那么徐道政随浙江省赴日教育考察团具体都去了哪些地方?考察中有过哪些感受?此前我对此一无所知,很想借此了解一下。根据《东游草》诗中所记,此番浙江省教育考察团游历日本的行程可知其轮廓。

徐道政等人由上海港乘坐日本邮轮"香取丸",于除夕傍晚登船,元旦(即正月初一,本用于一年之始,故称元旦,后来移用于阳历1月1日,阴历正月初一改称春节。此日为1919年2月1日)于海轮上度过。为了"欢度元旦",代表团团员便齐聚到"香取丸"最上层活动,一边观景,一边笑谈,也经历了海上风高浪急,船体摇摆带来的考验:"长风卷海浪漫漫,人自多呕我自安。"徐道政韧性好,耐颠簸力强,甚至因海浪颠簸引发了"今宵破浪乘豪兴,岂畏三山风引船"的兴致,所以海上元旦日的感受是"不减家庭元旦乐,一时谈笑上瀛洲"。(俱引自《元旦同人在香取丸最上层聚谈》)算是过了一个最为别致的"元旦"。初二(2月2日)上午十一时到达日本长崎港登陆,看到长崎港口海水碧绿,而日本妇女走路都是赤脚着木屐,发出的笃笃的声音,十分新奇,不禁写下了"一湾海水绿如油,缭绕云烟十二楼。怪底神仙多赤脚,屐声橐橐满街头"的诗句。初抵港

---

①　蜡屐:屐是用木板做成的鞋子,木板下面有齿可以提高鞋身与地面的距离,又有防滑作用,实际上是古人的"雨鞋"。蜡屐本指用蜡涂饰木屐,不仅增加美观,还有防腐作用。后因晋朝阮孚珍惜木屐,经常涂饰木屐而引申为过于喜爱之物之意。此处乃用其本义,此次徐道政赴日本访问,而日本人穿木屐为常。

口,天蓝海碧,山青云飘,长崎港湾的山坡上民房依山就势,鳞次栉比,高低错落,与岚光互相辉映,真有"楼阁玲珑五云起",令人恍若置身仙山之感,于是吟出"万顷玻璃海一湾,岚光四面隐朱环。高低楼阁依山起,此是蓬莱第一关"。当时乘坐日本最新海轮,从上海港到长崎港的航行时间是三十六个小时光景,让从小熟读"忽闻海上有仙山,山在虚无缥缈间。楼阁玲珑五云起,其中绰约多仙子"(白居易《长恨歌》)的徐道政感到这条海上通道有"一衣带水"而一苇可航的真实感受,有诗云:"蓬莱近在海中央,向若何须叹望洋。默计时钟三十六,一衣带水一芦杭。"蓬莱原是中国古代神话传说中海上三座仙山(蓬莱、方丈、瀛洲)之一,我国古代文人喜欢以之代称日本列岛,若是海神之名,此处化用《庄子·秋水》中"望洋兴叹"的典故;芦者,苇也,杭、航同音相借,乃是化用《诗经·卫风·河广》"孰谓河广,一苇杭之"之意,表达此行迅疾方便(当时是中国在海上到达日本最快的速度)。

正月初四,代表团结束长崎的考察。由长崎赴福冈,天气大变,由晴转雪,而且下了大雪,车窗外面一片皆白,世界成为清冽晶莹、琼楼玉宇的仙境。日本人的和式矮小房子,三三两两地散布于山岙树木间,远远看去就益发显得矮小了,像个蜗牛壳。在这样的玉洁冰清之中,诗人的心思又生发出了踏雪访梅的充满文心诗意的念头,因而有句云:"我欲停车寻胜去,漫天风雪访梅花。"虽然停车不由己,访梅亦未成,但东瀛大雪中的风景令诗人的思绪飘逸,发出奇想,不意间令人留下深刻的印象。当日深夜,车到福冈,下榻于旅顺馆中。福冈邮便局局长镰田君在此等候代表团,见面招呼,众侍女(服务员,旧时称作下女,女仆等)十几个人热情地迎上前来,带领各位团员入馆安歇,并一一在各位房间门口跪迎侍奉,安排酒食,礼节细致周到。这大概是代表团抵日之后第一次受到如此高规格的接待,尤其是长途旅行之后吃到日本酒,浑身舒畅,心情更加爽朗,而诗人的感受另有一层:"三岛夜深雪满堆,羽衣引我上蓬莱。相如久已病消渴,难得文君送酒来。"(《二更到福冈寓旅顺馆》)诗中把身着和服的日本侍女比作羽衣人,比作当垆送酒的才女卓文君,都可看出诗人眼中的印象是多么深刻。福冈位于九州岛的北部,是九州岛最大的城市,也是本岛的政治、经济、文化教育和交通中心与物资集散地,人口密集,贸易发达,特别是它的地理位置优越,历史上也曾经是对华、对外海上贸易与交通的重要商埠口岸。

代表团一行由福冈到北九州市,过海到达本州岛,从其诗作看,中间未作逗留,是直接前往古都京都考察,再到东京考察,以两京逗留时间为多。京都在东京之西,又是日本古都,所以徐道政诗中称为西京,在离市区不远处有一座名山爱宕山,是游历京都所向往之地,也是一座能够从车子上远眺的名山。徐道政将京都比作中国古都长安,想象登上爱宕山巅,可以遥望数百里外的东京城。东京在京都之东,故称东京,就像唐朝首都长安与东都洛阳(洛阳又称为神京):"乔木阴森旧镐丰,千年佳气尚葱葱。试登爱宕山头望,百里神京在眼中。"(《西京车中望爱宕山》)西京的东大谷又是一处风景名胜之处,又临近日本最大的天然湖泊琵琶湖,是一个寻幽览胜之处(民国年间日本邮便局发行过京都东大谷明信片)。此处位于今京都府京都市东山区,有京都香火最旺的神社——八坂神社,因位置是祇园,所以又称祇园神社。这里的神社是八坂神社的总本社,其有名的祇园祭祀是日本规模最大的祭祀之一。正月初九之前,代表团一行来到了日本首都东京,到初九日晨,游览著名的上野公园。此日正是大雪初霁之后,山川树木被雪覆盖,满目皆白,尤其是公园里的樱花树,琼枝玉叶,微风轻拂,犹如出海的白玉珊瑚,纯洁可爱,在日光下显得更加晶莹剔透,光芒闪烁,眩人眼目,令徐道政生发出无穷联想与想象。"公园多少树,树树玉珊瑚","虬枝乱纷拏,满园是樱花。想到花开日,十里餐红霞",在这样晶莹的世界里,踏雪赏景,心情特别舒畅:"初日踏雪行,好景一番伙"(一番是日本语,意为"最""顶",伙是多的意思)(《九日晨游东京上野公园雪初霁千树樱木玉枝权枒》)。可见上野公园雪后早晨的景致,对于代表团的参观者来说,印象是多么深刻难忘。

东京是本次教育考察代表团考察的重点,见之于徐道政诗中的地方就有博物馆、御河沿、禁城、九段坂神社、浅草公园、日本桥、动物园、斯燮卿家、吉原等地;就时间来看,有明确的日期入诗者就有《十五夜与燮卿自浅草乘汽车回寓灯月交辉如在星斗光中》,所以可推知代表团在东京考察时间在一个星期甚至以上。徐道政在东京亦如同鱼儿入水,还与一干朋友他乡重逢,诗酒叙旧,畅谈契阔,如在东京时见到老朋友斯燮卿,友情漫漫,喝日本酒,吃日本料理,那种特别的感觉,远非在国内时可比。斯烈(1882—1953),字燮卿,又作燮馨,诸暨斯宅人,浙江武备学堂毕业,宣统二年(1910)任广西陆军小学提调,李宗仁、白崇禧、黄绍竑等现代著名国民革命军将领，都是他的学生。嗣后在护法战争中组建学生军，反对袁世凯称帝，遭通缉而逃亡于日本，袁世凯死后回国。后来重新到日本留学，主修经济，回国兴办实业。广东国民政府成立，斯烈于 1925 年来到广州，先后担任团长、旅长，1927 年任第二十六军副军长兼第二师师长，由闽入浙，投身北伐战争，参加了镇压上海第三次武装起义，还率军参加渡江北伐，到达济南时，因日军阻挠北伐军北上，总司令蒋介石率军绕道而过，日军因而制造了"济南惨案"，斯烈遂愤而辞职南归，闲居杭州七年。日本侵华战争爆发之后，斯烈主张积极抗日，赞成全面抗日。1937 年 8 月，就任诸暨抗敌后援会副主任。1940 年 12 月，任浙江省政府粮食管理处副处长。20 世纪 50 年代后当选为浙江省首届人大代表，杭州市救济事业委员会副会长等职。斯烈与徐道政交情之深厚，主要缘由有二：一者璜山与斯宅相邻不远，属于乡里乡亲；二者筹建斯氏宗族一力举办的斯民小学。斯民小学前身为象山民塾，该小学创办于光绪三十一年(1905)，由象山民塾迁至斯氏宗祠。"以斯举有德于斯民，故以名焉"，即以"斯民"为校名。1917 年筹建新校舍，1919 年落成。悬上"公诚勤恒"校训，还请徐道政撰写《斯民校舍记》和校歌歌词。徐道政比较全县有名的几所小学，认为斯民小学有"不借才异地，不募财异姓，一族一村经营之而余者，何也？夫亦惟其人而已"，也就是有诚心办学之人经营，才办得好。这其中排名第二位者便是这位斯爕卿(爕馨)："其人为谁？吾友耿周、爕馨……之人也，之德也，或唱之，或和之，邪许之声未绝于耳，而眼前突兀见此屋于东泉岭之麓，奂兮轮兮，与三台五老竞秀矣。"斯民小学筹建新校舍的时间正是徐道政在六师任校长的阶段，而徐道政访日时，斯烈正好在日本留学，攻读经济学时期，所以在东京陪同徐道政考察、观光，是最主要的人物。徐道政在《赠斯爕卿烈》一诗中深情贯注地写道："烈也三年别，飘然万里行。乱离分浙水，嘉会在蓬瀛。喜极宵无寐，交深话有情。斯君闻我来东京，通夜不寐。陪吾终日戏，归馆已三更。"此诗言平情深，已经无须多加言辞解说，可以看到现存于《东游草》中除了此诗以外，还有《与斯爕卿往浅草公园待车日本桥上》《十五夜与爕卿自浅草乘汽车回寓灯月交辉如在星斗光中》《与王松渠管线白饮爕卿家》等写上斯爕卿名字的诗作。可见当日徐道政在东京时不但由斯爕卿陪同考察游览，还邀请徐道政等到其寓所聚餐，真情之厚不需言表。其实在东京所作的诗歌当中有些虽未写出斯爕卿的名字，也能够体察到不少的斯夔卿身影,如《浅草公园所见》《诸暨同乡在东京开欢迎会饮极乐》等。正是以斯夔卿为代表的诸暨同乡,浙江同乡的热情接待,让徐道政兴致勃勃,诗情潮起,所以《东游草》中,东京一地的诗作就占了十五首之多,占全部诗作的五分之一。

代表团考察路线是从濑户内海沿岸之线路,先到日本"西京"京都,再到东京,之后便沿来路回转,从下关码头下船,渡过对马海峡到朝鲜半岛南端登陆,经半岛铁路到东北安东(今丹东),再乘火车回到上海,完成一个圆圈,也是完成这一次对日本教育的考察之旅程。所以徐道政的《东游草》诗作便是按其行踪,排列先后次序。下面便是回程途中所作的诗歌。东京回程途中第一个写到的著名景观,是日本的自然地理象征(地标)富士山,《车中望富士山》是弥补奔赴东京时未作诗的空缺:

> 岛国有镇山,富士名藉藉。
>
> 突兀撑青空,去天不盈尺。
>
> 高寒无由上,终年余积雪。
>
> 盘礴一千里,仰视皓以白……

这里的"镇山"以前叫作"山镇",是作为一个地方的镇安一方的地理标志。中国自古以来就有在一个地方寻找一座名山作为该地方山镇的传统(当然不能机械化绝对化地看待这个问题),这个山镇实际上就是此地的地理标志,又往往是它的文化代表。如《尚书全解》卷二:"封十有二山。"汉朝孔安国注云:"每州之名山殊大者,以为其州之镇。《周礼·职方氏》:每州皆取其大者以为镇,若扬州山镇曰会稽;荆州山镇曰衡山之类耳。""正北曰并州,其山镇曰恒山";"东北曰幽州,其山镇曰医无闾。"每州封表一山为一州之镇,所以某地寻找一座名山作为地理标志和文化代表是十分普遍的事情。富士山在本州岛的中南部,是日本的象征,是其全国的镇山,不仅高度很高,海拔3776米,山顶终年积雪。它是一座火山喷发而形成的,山体高耸入云,呈圆锥形,四周又无其他高山相颉颃,显得很美很巍峨壮观,所以徐诗云:"氤氲地火喷,山顶势倾揭。流沫成雪骨,诘窟见山脉。东西两玉京,王气瞻葱郁。"其磅礴的气势,令人心干云霄,神驰千里。因日本在世界上影响力的扩大,富士山的形象也在全球传播开来,成为一座世界名山。

名古屋是本州岛中部一座繁华的城市,位置介于东京与京都之间,曾有"中京"的别名,也是代表团此行途中歇脚之地。名古屋有一座号称日本三大神社之一的热田神社,收藏很多日本国宝级文物,如"草剃神剑"等。代表团在此游览了热田神社,徐道政发现神社中的许多文物、礼节、服饰、祭祀等,都依稀保留了中华古代的影子:"热田古社树葱茏,征夷宝剑属东宫。游客当门齐下马,诵经膜拜掷青铜。"太子继位以前所居宫室号称"东宫",这是中国古代制度,在日本被复制;游客到神社中祈祷、祭拜,向神祇顶礼膜拜,献上金钱宝物等,世俗最常见者是向神祇扔钱,在此神社中都看到日本版的"国风"。"乌纱帽子旧蓝袍,上国衣冠溯六朝。神国遗风犹未改,禊词乞福向淫祆。"(《名古屋热田神社》)前贤说过:"礼失求诸野。"有些中华古风逐渐消失了的,在东瀛之地还保存下来。代表团回程中再次在京都停留,这次代表团游览名胜是古都皇宫。原来日本明治天皇时期将首都迁到东京(1869年迁都),距徐道政等考察正好半个世纪;而皇室里面重大典礼,仍然放在京都的紫宸殿内举行,而这个紫宸殿的名字也是从唐朝长安城皇宫取样的。唐杜甫《冬至》诗:"杖藜雪后临丹壑,鸣玉朝来散紫宸。"中国古代观念中紫宸是作为皇位所在,也是皇帝的象征,所以皇宫以紫宸命名。

紫宸宫殿草萧萧,五十年来霸气销。
留得青龙飞瀑在,欲将洗眼认前朝。青龙瀑布在殿后。

峨峨富岳逼高天,江户城濠忆德川。
天为英王留霸气,维新事业在东迁。

真红旧沿蜀江名,天马飞鱼花样新。
不信锦官城有翼,因风飞去入西京。西京出名锦,然其法皆出中国。

这次回程所游日本古都皇宫让徐道政颇生感慨,既有怀古之意(《西京紫宸殿》之"紫宸"诗),更有迎新之喜(《西京紫宸殿》之"峨峨"诗),还有为中国古代传统文化传入于此而得到保存所产生的复杂心态(《西京紫宸殿》之"真红"诗)。在京都,徐道政等还涉足另一神社贺茂神社(见《贺茂神社旧为御祭》);在即将离开京都回国前,徐道政下榻的日吉家女公子谷越鹤弹筝送行,如行云流水,余音绕梁,令徐道政欲行还留,深受感动,为赋三绝,其末首云:"湘弦细入鬼工愁,韵落疏河水倒流。几度欲行行不得,海云伴梦住瀛洲。"诗中"湘弦"是代称筝上的弦线,这种弦线发出的声音之美妙,令人怀疑非人间(鬼工即神工,此为平仄而换成鬼字)之感;韵落句是用夸张手法赞美谷越鹤弹奏的乐曲,令河水都为之倒流。尾联表达了自己为此曲所羁绊,海上的云彩与梦想作伴,想住在此地不走了。虽然未见用夸饰,实则竭力赞美谷越鹤弹奏之精湛,曲调之悠扬,把诗人的魂魄勾住了。

　　以下经过的日本大城市是广岛,在这里徐道政等见到了令人非常震惊的事情。广岛是日本陆军第五师团(又称"广岛师团")驻地,第五师团是日本最早组建的七个现代化步兵师团之一,时任师团长山田隆一中将,下辖第十一(广岛县)、二十一(滨田县)、四十一(福山市)、四十二(山口县)四个步兵联队(相当于中国陆军单位的团),后来组建为第九、第二十一旅团,其士兵主要来自日本本州岛西部中山地地区的广岛、岛根、山口等地。甲午(1894)战争中,日军从第五师团抽调了两个步兵联队,组成了大岛混成旅团,由大岛义昌少将为旅团长,率部赶往朝鲜半岛,7月27日,在汉城南面约一百公里处名叫成欢的地方与赶来支持的清朝淮军遭遇,战斗持续一整天,清军溃败,退入牙山。此战引起日本人高度重视,是日本现代陆军创立以来首次与外国陆军作战,而且运用了现代化战术取胜,在世界军事史上也是有历史意义的一次战斗。大岛混成旅团还参与攻陷平壤、鸭绿江渡河战役、牛庄战役等。在十年之后的日俄战争中,第五师团参与辽阳、沙河、奉天会战等重要战事。日俄战争之后驻屯满洲,直到1911年。在后来日本全面侵华战争(即所谓第二次日中战争,我国通称抗日战争)中,日本第五师团充当侵华急先锋,在中国横冲直撞,犯下了累累罪行。这是后话,姑不展开。话接上文,徐道政等在广岛止宿,步行郊外时,不意间观看到了日本陆军第五师团训练,尤其是骑兵训练的场景,与在国内看到的形成很大落差,深为震惊。其炮兵放炮,爆炸之声音如滚滚隆隆的闷雷,震得地动山摇,心头透过一阵沉重的肃杀之气,感觉其陆军骑兵"马队奔腾,如对大敌",心中很是惊奇,就写下了"炮响殷雷跃马过,尾长山下隼空摩。从知灞上真儿戏,不及周家细柳多"的诗句。这里将日本陆军训练之情形比作汉朝名将周亚夫的军营细柳,形容其军容雄壮,军纪严明与训练时表现出来的强大战斗力,都令人叹为观止。这无意间的观感,后来竟然不幸成为悲惨的事实,1937 年"七七事变"之后,第五师团在中国华北、华东、华南各地作战,呈现了强大的战斗力,号称"钢军"。1939 年 12 月参与昆仑关战役,虽然国军第五军英勇奋战,以巨大的代价歼灭了第五师团第二十一旅团长中村正雄以下五千人,史称"昆仑关大捷",但未歼灭第五师团主力。这是多么沉痛的历史教训啊!

回归沿途经过宫岛,再到岩国,向山口县城,再到日本考察的终点下关海港,这是日本本州岛南部沿海人口密集,工业商业交通发达地区,也是濒临瀬户内海,海上岛屿众多,日本著名的江田岛就在这里,适宜观光。从徐诗中"强半飞车洞里过"(《宫岛车中所见》之一)看来,当时就已经有很多隧道了,日本现代化交通道路的基础建设可见一斑。因为此路濒海而行,所以在车上看到海上"点点蓬岩烟灭没,水晶盘置几青螺"的景象,而"一半高原一半湖,湖中无岛不蓬壶。赤天岩国开晴照,小李将军画不如",正是典型的外国人看日本瀬户内海的写照。因为瀬户内海目视所及,很像一个湖泊,或者大江,历史上曾经有外国人至此感叹:没想到日本也有这么大的江河啊! 就被日本人传为笑谈,写入日语教材。当然诗人这里是一种修辞笔法,形容此地风光旖旎,景色迷人,连以描绘青绿山水大画闻名的唐朝画家李昭道(字希俊,右武卫大将军李思训之子,父子均以画青绿山水闻名,李思训号大李将军,李昭道号小李将军)的画也没有这么好看。这一路走过,所见景色幽深清静,山田小屋令人喜爱,颇类古人心目中向往的桃源之境,徐道政甚至有想在此买山隐逸之遐思:"有田如瓦屋如舟,源里人家事事幽。我欲买山甘小隐,种茶种竹种松楸。"(《宫岛车中所见》之四)。从广岛到下关,徐道政还发现了日本古老而独特的一种风俗——男女同浴。他记道:"日本男女同浴,东西京已稍知避嫌,不意于下关遇之。"这必定会让初到日本的中国人(包括其他国家的人)大感惊讶,就像当初徐悲鸿的夫人蒋碧薇在日本遇到时,心中极其惊讶一样。徐道政震惊于这种古风,挥笔写下了"一泓清水濯婵娟,香雾空濛镜里天。博识我非张学士,乳星竟得浴同川",为此行留下一个具有历史文化意义的场景。与此相类者,还有在下关时写的《咏日妇抱琶琶者》："画帐春宫小小云，琵琶触处响丁东。明霞腰卷湘裙底，漏泄春光一点红。"（之一）这是描写日本妇女身穿和服打扮样式的。"乌云高髻学龙盘，罗袜凌波屦响干。剧怜广袖通全帛，倒卷西风玉臂寒。"（之二）诗末自注："日妇高髻、广袖、腰带，袜分两歧衔屦鼻。"诗中写木屐走路的声音响亮干脆，这与到长崎登陆之初所见日妇着木屐走路发出响亮的声音，正好前后呼应。"国人爱国爱樱花，狂醉东风十日霞。可惜国花无结果，空随桃李一时华。"（之三）这是对日本之行的观感，日本人喜爱樱花，观赏樱花成为生活中重要的活动（日语称为"花见"）。在樱花盛开的日子里，也是日本人户外活动最富于浪漫和诗情画意的日子，往往携家带口，甚至邀约朋友，随带食品、饮料（酒），在樱花树下尽情欣赏，唱歌，拍照，野餐，实在是日本人一年生活中十分开心的一段。只是这种日本人见人爱的樱花，是不会结子的，就像徐道政在此诗末自注说的那样："日本以樱为国花，而樱不结子。"所以说它虽美而无结果。

至此，代表团考察日本教育之行算是告一段落了。

代表团由下关登上海轮船，离开日本，经一夜行程，翌日抵达朝鲜釜山港口，踏上回国之旅。甫一登岸，又见到前所未见的朝鲜风俗，妇女穿着白衣，边走边唱（行歌），不禁心生许多感慨。当时朝鲜沦陷为日本的殖民地（李氏朝鲜末年，国号改为韩国，公元 1910 年签订《日韩合并条约》，韩国灭亡。徐诗中仍称朝鲜，是用其旧名），日本为了统治全朝鲜，于汉城（今改称首尔）原王宫内设朝鲜总督府管理军、民、法各行政事务。徐道政为朝鲜亡国感慨，又联想起朝鲜之地历史上曾为中国的疆域，周朝灭商以后，封商朝箕子于朝鲜，如司马迁《史记》所载："于是武王乃封箕子于朝鲜而不臣也。""其后箕子朝周，过故殷虚，感宫室毁坏，生禾黍，箕子伤之，欲哭则不可，欲泣为其近妇人，乃作《麦秀》之诗以歌咏之。其诗曰：'麦秀渐渐兮，禾黍油油。彼狡僮兮，不与我好兮！'所谓狡童者，纣也。殷民闻之，皆为流涕。"（《史记·宋微子世家》）这段历史记载就是一个典型的证据。徐道政当时作诗时所想起的也正是这一段的历史，所以徐诗云：

盈盈一水接扶桑，虎口何堪寄羸羊。

不尽千年亡国恨，禾油歌里白衣娘。（之一）

曾传箕子化喁夷，八教风行不拾遗。

不信东方君子国，素衣空使我心悲。（之二）

"盈盈一水"出自《古诗十九首》"盈盈一水间，脉脉不得语"，"禾油歌"是化用箕子《麦秀》的"禾黍油油"。在此诗中，诗人比较明确地点出了一水相接的近邻"扶桑"，犹如一头猛虎，朝鲜就像一只羸羊，在强邻面前，朝鲜怎么可能保持独立的地位呢？身着白衣的朝鲜妇女口里所唱的歌，包含着诉说不尽的亡国之恨。这是站在中国人的立场上所感觉到的朝鲜人的歌声含义。有关箕子带来上国文化，以风教朝鲜的记载，见诸先秦两汉者很多。到《三国志》中记载当时名人管宁避难辽东："宁常着皂帽、布襦袴、布裙，随时单复……故在辽东，所有白布单衣，亲荐馈馈，跪拜成礼。宁少而丧母，不识形象，常特加觞，泫然流涕。又居宅离水七八十步，夏时诣水中澡洒手足，窥于园圃。"意为管宁避难辽东时日常戴黑色帽子，着布襦布裤，随着天气冷暖变换单衣、复衣（双层和多层的衣服），辽东的祭祀、送礼都是受管宁倡导影响形成的。当时的辽东与朝鲜紧密相连，是一个半独立的地盘，由公孙氏集团割据。管宁幼年丧母，每逢节日都要为母亲加酒祭祀，又因居处距离水边近，经常洗涤手足，勤于劳动。又载：管宁"匿景藏光，嘉遁养浩，韬韫儒墨，潜化傍流，畅于殊俗"（《三国志·魏书·管宁传》）。这是指管宁避难辽东时韬光养晦，读书精进，重视文化，对周围民众产生了潜移默化的影响，甚至于达到很远的族群当中。这些历史文化人物对后来朝鲜半岛人民文教风俗，若着白衣，戴黑礼帽，大裆裤，孝奉父母，重视教育，肯定发挥了重要而又深远的影响，泽被后世。所以箕子化喁夷，夜不闭户，路不拾遗，人知诗书，户传弦诵，被称为东方君子国。

枯岩石骨瘦嶙峋，烂尽南山气不春。

尽有东人新拓殖，大书案内引移民。

这首诗中对于日本殖民朝鲜所带来的新问题表示了忧虑,像"枯岩石骨瘦嶙峋"、像"南山气不春"等都包含着一种深深的忧患意识,而"东人"(日本人)来此"新拓殖",还在加码加速,"案内引移民"指日本殖民当局制订大规模的殖民朝鲜计划,为日本移民做好指南与引导。"案内"是日语词,指南、引导之意。从此诗可见,日本欲殖民于朝鲜,是处心积虑、蓄谋已久的国家行动计划,与它的欲征服世界必先征服亚洲,欲征服亚洲必先征服支那(对中国的蔑称),欲征服支那必先征服满蒙,欲征服满蒙必先征服朝鲜的"宏大"目标相配套。因此而联想到日军占领我国东北之后而实施的大规模移民拓殖,驱逐我东三省人民,占领掠夺大片良田,为日本输送大量的粮食、油料、木材及其他战略物资,疯狂掠夺我国东北丰富的矿产,在东北建立强大的"关东军",武装移民等等,就可以更清楚地认清日本帝国主义的野心是何等的巨大!

有松如艾草如簪,燕垒鹊巢自古今。

戈壁流沙生意尽,不知何处有人葠。朝鲜山土硗确,有松甚小,农民屋极低。

人葠是人参的异体字。此诗末的自注,于无意间记录了朝鲜当时自然面貌与平民生活之一斑。半岛临海地带特殊的气候,加上自然条件贫瘠,长的松树都瘦小不大,百姓住房比日本人的和式房子显得更加低矮。

徕松甫柏诵商诗,箕子旧封应有之。

如何却借东人手,种遍扶桑若木枝?此诗失顶,然杜诗往往有之。

这首诗是对东邻朝鲜被日本人占领之后,到处搞"新拓殖"而发出的强烈质问。"如何却借东人手,种遍扶桑若木枝",意为为什么朝鲜被日本人占领,大搞"新拓殖",进而日本势力将迅速地在朝鲜膨胀发展,如之奈何?

徐道政在朝鲜境内写下了《赠朝鲜人金蓉圃佑行》《朝鲜博物馆内藏古百济新罗高丽王陵中殉葬物》《交通馆》《朝鲜李太皇勤政殿》等诗,分别是代表团一行考察朝鲜京城——汉城王宫、博物馆、交通馆的观感以及对陪同者表示同情的作品。

在渡过鸭绿江回到国内之后,又写下了《过鸭绿江其地即古扶余国》《游奉天昭陵》《过山海关》《过开平唐山感煤矿落他人手》《自奉天回至山东三千里山上不见一木》《车中与合肥章怡轩论泰山四首》。这些诗作中,进一步表现了诗人对国家主权和民族权益面临被损害被侵占的深深忧虑,对祖国壮美河山的热情赞颂,也有对历时一个多月的环黄海考察游历的自豪:"东风万里逐尘埃,看尽梅花杏又开。故国亲朋如问讯,曾游黄海一周来。"(《车中与合肥章怡轩论泰山四首》之四)

徐道政随浙江教育代表团考察日本,环黄海周游一匝,为时一个月又八日,在当时是很新鲜的事情。徐道政对此亦难以忘怀,后来留下回忆诗文,如在《暨阳大成徐氏宗谱》内就收有徐道政《辛未岁大成宗祠修谱四十韵》,诗中即忆及此事:"雅度愧城北,仙游拜海东(余前长六师校,台人戏呼'城北公',及游日本,访徐福墓)。"徐道政的《东游草》在上海出版发行以后,在社会上产生了很大的回响,他的朋友圈当中也留下了诗歌唱和的印迹,让后人依稀听到当年访日的袅袅余音。

徐氏好友赵怀德(字竹人,今璜山镇读山村人,邑名诸生)有诗记之:

> 远游王粲赋登楼,未得双溪共钓钩。
> 化被六桥三竺外,名留黄石赤城头。
> 泛舟日岛访徐福,采药天台贻莫愁。
> 湖海相随谁最久?琴书第一是良俦。

"化被"句指徐道政在两级师范学堂(后为一师)执教之事,"名留"句则指他在台州府城临海六师执教之事。颈联写访日之事,写得空灵缥缈,超脱纤尘。他的另一位好友徐需霖作有《和病无六十自寿诗》:"门对青山拱射句,小草东游余蜃气(君有《东游草》饷学界)。"既是对徐氏《六十生日作》诗中"偶然随海客,东渡一谈瀛"的回应,又是交代徐氏访日诗集《东游草》在学界同仁中留下的记忆和激起的回响。友人傅文焕(字炳然,绍兴人,浙江中医专门学校教员)在《浙江中医专门学校校友会年刊》上刊登《题徐病无先生〈东游草〉》诗二首:

三岛云烟收腕底,诗中有画画中诗。

丹青妙笔徐崇嗣,写出扶桑若木枝。

缥缈奇峰水面浮,愿随海客说瀛洲。

昨宵化作蒙庄蝶,飞上蓬壶十二楼。

诸暨学者阮建根认为:以上这些留传下来的诗作"应是《东游草》刊印后的同好唱和之诗"。照此而推,徐道政访日归来,在六师同事中也应当有所交流唱和,像前文提及徐道政的《天台纪游》和《东游草》两种诗集都是保存于临海博物馆中,才被我们找到的,《天台纪游》封面还有徐道政亲笔题写的"呈士元先生吟坛。政"手迹,《东游草》虽无徐道政亲笔题字,也可推知为赠送与项士元之物。只是现在尚未查到有关作品,尚难遽下判断而已。从民国八年、九年不全的项士元日记所载情况看,徐道政访日归来回到六师,并未作过报告介绍访日观感,甚至连访日诗作的交流唱和也未见项士元日记。可见徐道政访日这件事对六师没有影响。原因应当是受日本强迫中国国民政府签订"二十一条"条约、巴黎和会强占山东半岛以及日货对中国民族经济的不利影响等因素,激起台州社会各界强烈义愤,形成响应北京学生"外争国权,内惩国贼"的五四运动,在台州府城及各县城掀起一股学运潮流,台州府城从四月二十日项士元与杨麟、朱玉文(1900—1962,即我国现代著名生物学家朱洗,原名玺,字玉文,后留学法国,获法国国家博士学位。俗谓之为"蛤蟆博士",当时在六中读书)等一干人等,激于"倭人无道,占我青岛,薄海人民咸动公愤",号召社会各界用国货,抵制日货,翌日提议成立救国协会起,中经反复协商酝酿,到二十九日在公众运动场召开救国协会成立大会(初推徐道政为会长,其因斗争形势复杂而辞职,由项士元继任会长),到会者达四千余人,演说、游行,群情激愤,且有慷慨泪下者,黄昏始罢。到六月十三日,救国协会开会讨论各团细则,听说宁(南京)沪(上海)杭(杭州)各处罢市,导致十四日六中、六师两校同日罢课,本日得悉教育部决定即日放假。而救国协会与各校有关师生均坚持调查日货,劝用国货,至六月十七日,海门商人黄楚卿购贩卖日本太阳牌布匹,被学界牟谟等查出,共五十二疋,引发商学两界纠纷,海门镇警署无法调停,来电请临海县知事庄纫秋邀请士绅赴镇排解。经反复磋商交涉，到阴历七月初一日，在海门舞台开商学两界联合会成立大会，"商学两界促膝谈心，意甚融洽"，还走上街市，演讲抵制日货及商学联络之必要。至此"而商学两界之大潮始平息矣"。在台州府城内，八月十七日下午一时，项士元率六中、六师、回浦、敬一两高小学生，及救国协会会员五百余人，拿着调查获得的日货在大街上游行，三时到公众运动场烧毁日货，前来观看的不下千余人。由上述事情而言，台州社会各界对于日本侵占我国国土，侵害我国权益，正是义愤填膺之际，徐道政的访日感受再深再切，实在不宜对众人宣讲，连其《东游草》诗集也不宜大张旗鼓地拿出来销售。所以项士元日记中对此亦无一字记及，可见是时势与以前大不相同了。项士元与徐道政及六师教员褚传诰、张味真等数十人，于民国八年（1919），结成"赤城诗社"，其起因是："是年，武进庄纶仪宰临海（即被委任为临海县知事），发起保粹学社，举行诗课。予亦与褚九云、徐病无诸公组织赤城诗社。当时加入诗社者，有张干、张冶、赵震、程子仁、张裔渠、孙一影、朱照、张逢镳等数十人。"（见项士元《项慈园自订年谱》上一九一九年下）实际上项士元于民国七年五月中旬已经组织赤城诗社，据新得其日记《燃藜偶记》载五月十二日（阳历6月20日）："邀集赤城诗社同人于上洞天，到者徐病无、褚九云、张辉珊、张鹿坪、秦云亭、宋德荪、赵仲书、赵一琴、洪文波、陈光轩等十余人，当推定病无为社长，九云、辉珊二先生副之，余则忝任干事。是日课题即由众推予拟定：一、台城竹枝词；一、龙顾山杂咏。"于此可见赤城诗社之起源与诗社成员之骨干，以及诗社运作之枢轴实在于干事项士元。邀请社员每月为"诗酒之会"，项士元《燃藜偶记》中记六月十五日开第二次诗社，到者十余人；七月十五日开第三次诗社，到者十余人；八月十五日赤城诗社假上洞天开第四次雅集，佐课者张辉老，到者约二十人，飞觞醉月，论艺谈诗，至更阑始散；并载"是晚偕病无、九云、鹿坪诸先辈谒郑广文祠"云云，可见诗社雅集之一斑。翌年项士元又记："自救国运动被挫后，予转致力于诗，与徐病无道政、褚九云传诰、张鹿坪镳、张辉山裔渠、赵仲书震、张味真冶、张巨鉴翰、孙一影冰等结赤城诗社，每月为诗酒之会，予为编《赤城吟社诗录》一卷。又选台州古今人诗成《台州诗系》初稿五十卷。"后来王舟瑶编辑《台诗四录》，借项士元《台州诗系》稿本，"选录颇多"。（见项士元《项慈园自订年谱》上一九二零年下）其中孙一影（名冰）当时是图书馆员，后继任项士元职的临海县立图书馆馆长，曾经任教

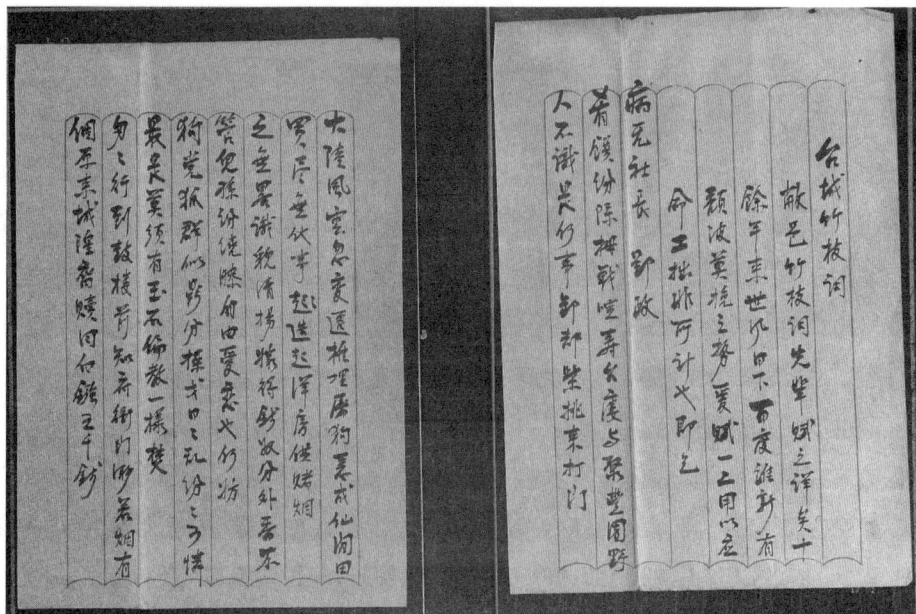

《台城竹枝词病无社长郢政》之一

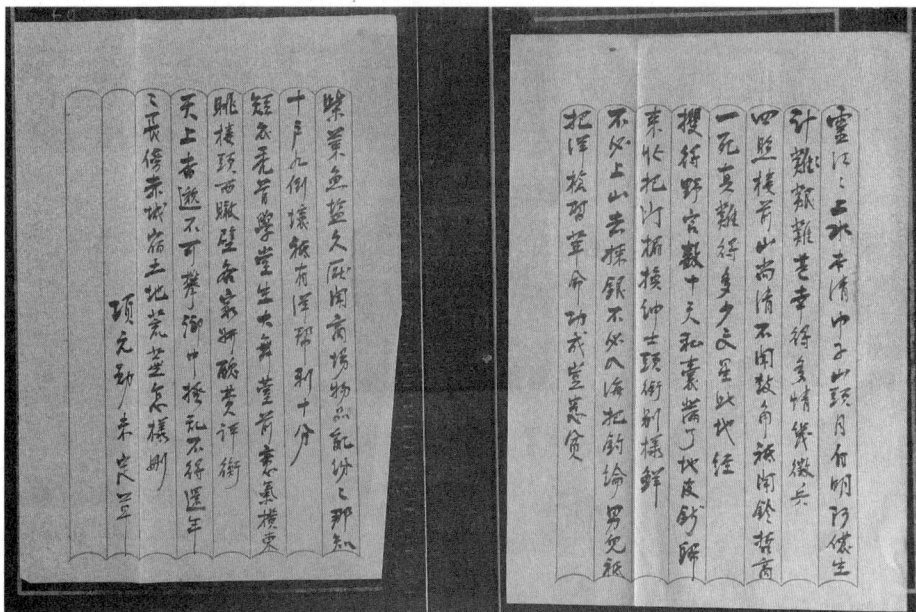

《台城竹枝词病无社长郢政》之二

于六中。鉴于当时形势,可以推想徐道政回到六师时,是不便有访日诗歌唱和之会,也不便有访日诗歌的宣传发表。他的《东游草》赠送给项士元,也未在诗集上题字,这些细节均为了解五四运动时期的台州提供了独特的历史痕迹。

徐道政在六师期间,不仅不离教学第一线,对家境贫寒而有才气的学生,热情鼓励。与此同时,徐道政自己也践行"藏修之暇,不废登临"之道。《礼记·学记》:"君子之于学也,藏焉,修焉,息焉,游焉。"后以"藏修"为致力学习之意。"登临"是"登山临水"的缩略。天台山之游就不在此处再述,而看徐道政在台州府城内外的"藏修"与"登临",究竟留下了哪些足迹。

台州府城内,学校背后的山是北顾山,又称龙顾山,是东晋临海太守辛景率领临海郡军民在此据险坚守,击败南逃至此的孙恩农军,孙恩亦于此投水自尽,其部下称为"水仙"(即入水化为仙人了)。北顾山西北角是府城地形最为险峻的地方,也是观赏台州府城的佳所,此处有一古迹"望天台",原是元末农军首领方国珍称王时设坛祭天的地方。徐道政作了《登望天台》诗,缅怀历史之迹,涌起"眼底江潮不胜愁"之感。巾子山上名胜古迹众多,其中有纪念唐朝反击安史叛军而与睢阳城共存亡之名将张巡之庙南山殿,把张巡的精神作为台州府城的守护神。徐道政登临巾子山,来到南山殿,作有《南山殿怀张睢阳》七律:"睢阳孤壁障幽燕,横截江淮万里天。毅魄生扶唐社稷,神威死镇越山川。一军厉杀虾夷寇,六邑人全闽米船。遂使海邦诸父老,岁时香火话因缘。"诗中的"厉杀虾夷寇"有点费解,虾夷族是日本少数民族,主要分布于北海道,此以代称倭寇。明朝嘉靖年间(1552—1566)倭寇侵略台州,张元帅神大著灵应,助人杀倭,保全台州,受封为靖海元帅。"六邑"句是用了台州的一个传说,有一年台州遭灾,百姓饿死者相枕籍,张巡显灵,向闽省米商买米,用船运到台州府城,交给谁呢?他脱下自己脚上的靴子为证,称运到台州府城里,那里的人一看到此靴就明白了。闽船运米到台州府城后,经人辨认此靴为南山殿张元帅殿中神像脚上的靴子,于是传颂张巡显灵救台州满城百姓,全活无算。巾子山自宋朝以来,久著名声,称为"一郡游观之胜",自山上俯瞰灵江,台州府城南门、西门均有浮桥,江上帆船来往穿梭,帆影桨声,艄公号子,彼呼此应,成为当时经典情景,回望府城,阛阓有如棋盘,车水马龙,商肆林立,一派江南市井景象。而府城南边有一座望江楼,在南山殿之东,俯视灵江,十里川原尽归眼底,向为郡中登眺胜地,建于明朝,明末为抗清毁,附近有名胜曰"不浪舟",亦为文人雅集之所。徐道政踪迹亦非偶一涉足而已,《晚登南山望江楼》诗,有诗曰:"不宿南山约,危楼酒一觞。市声喧落日,渔火点浮梁。"巾子山上大小文峰双塔,成为台州府城的地标,所以徐道政咏道:"潮落江容静,峰回塔影凉。"这些浮梁帆影、巾峰双塔,久成台州风景名片,成为文士笔下吟咏的显著素材,随手拈来,便成诗章。台州府城西边城门一叫朝天门,一叫望江门,望江门上城楼为平海楼,徐道政为此楼撰一楹联曰:"西来爽气连天姥;东去潮声接海门。"将府城的连山接海位置与气势写得声色俱壮。民国八年(1919)是台州社会各界争国权、惩国贼,抵制日货,掀起爱国热潮的时期,八月廿六日起,海门商学联合会来人,说明调查到商贩运销日货,被商贩率众索还,请求派人支援。廿八日来电催促府城各团体赴海门对付奸商,廿九日徐道政与六中校长毛云鹄(芷沅)率两校学生和教员郑梓夫、张味真、张任天、严梓恭、李召甫等四百多人乘坐小火轮赴海门,至九月初一,省立六中、六师、水产学校、清献中学、扶雅、商业各校师生六百余人齐集大校场,游行示威到商会附近,镇守使署派阮参谋长出任解排,由路桥周天成、陈天兴、新大昌、宜兴泰各号缴布五十四,作为临海、黄岩、天台三县救济贫孩之用。事始平息。九月初二起,项士元等与徐道政、毛云鹄、吴吟风、黄慈哉、张任天等登临东山书院、登牛颈山(通称牛头颈)炮台、古庙等古迹。下午渡江北岸,游览章安,考察牡蛎滩、金鳌山、东岳宫、吕祖庙、善济寺(寺奉麦碎娘娘神像,佛龛两侧一联云:"炊麦烹鸡酬帝德,珠冠玉带沐君恩。"为唯一与麦碎娘娘供奉宋高宗麦碎饭有关的遗迹)。翌日游赤栏桥、大园地、长嘉崎桥、关圣庙及祥符寺故址,登九蟠山,赏松隐石,考察金鳌书院、回浦闸,返回海门,初四返回府城临海。在这次海门抵制日货事件中,徐道政趁便游览章安古镇,遍观名胜古迹,联想古今国势之变化,感慨系之,就情难自禁,写下了七律《金鳌山怀古》一首:

衰草西风辇路荒,金鳌遗事说孱王。

马家图画空残墨,牛角山河剩夕阳。

滚滚潮声流日夜,陈陈海水几沧桑。

不知魂魄千秋后,忆否当年麦碎娘?

此诗是阴历十月十一日（阳历 12 月 2 日）首先向项士元先生公布的，项士元日记："徐病无先生及杨聘才、林喆生、褚永芳诸君来。病无示近作《金鳌怀古》一章。"项士元本年与徐道政等组织赤城诗社，项为社长（误，项任干事。见前项士元《燃藜偶记》戊午五月十二日），每月均设诗酒之会，交流新作，此诗虽未明记为社友交流，亦当为诗社交流应有之义。诗中金鳌山因宋高宗赵构落难入海逃避追兵，登陆驻跸于此半个月而著名，故称皇帝走过之路为辇路。又相传当初登陆之际，四顾茫然，无人接应，连饭食也无法果腹，一位农妇见"贵人"面有饥色（不知是宋高宗航海至此），乃进麦碎饭，因得封为"麦碎娘娘"。徐道政敬重明末忠臣陈函辉（1590—1646，原名炜，字木叔，号小寒山子，临海人）之忠节（陈得谥忠节），特地到府城西南云峰陈墓凭吊，作有《陈忠节荒墓》七律：

> 西郊寒风落山殷，独寻荒冢叩禅关。
>
> 吟魂不死虫沙劫，诗卷永留天地间。
>
> 丝竹空林歌夜鬼，风流旷代感文山。
>
> 谁圆寂寞江斋梦，神与白云共往还。

陈函辉是崇祯七年（1634）进士。清兵入江南，南京失守，南明鲁王朱以海时居台州，陈函辉力劝监国，进东阁大学士兼礼部、兵部尚书，支撑勤王；翌年鲁王兵败出奔，陈函辉返回台州，哭入云峰山中，赋绝命词十首，自缢而亡。此次游云峰吊陈函辉，是与辛亥革命元老杨镇毅（1876—1960，字梓青，一作子卿）一起前往，徐作有《偕杨梓青游云峰》五言诗一首，为纪游诗，其中有"海峤咏康乐，天台赋兴公。况有素心人，晨夕共游踪。愿弃人间事，蹑屩从赤松"之句。

徐道政在临海，与台州文人交往自然为应有之义，其中交往最多最频繁者为项士元。如前文所及徐游天台时，项士元作诗以送行之类，还有见于项士元日记中的很多次"招饮"，就是今人所说的"饭局"，有临海县知事邀约者，有项士元邀约者，有徐道政邀约者，有其他友人邀约者，徐道政与项士元的接触同席机会更多。另外见之于徐道政诗歌中者有台州府城文人陈懋森（生卒不详，字铭生），光绪时秀才，以苦志独力修纂《临海县志》闻名，成书《临海县志稿》六十五卷，未梓行。民国八年正是集中精力编写《台州咸同寇难纪略》一书之际，徐道政《章家溪访陈铭生茂才懋森》诗云:"五里城南水竹居,幽人高隐注虫鱼。扫除天下非吾事,红叶满山自著书。"末句化用了王维《过新昌里访吕逸人不值》中"闭户著书多岁月,种松皆老作龙鳞"的诗意,赞颂陈懋森像一位高蹈不仕、闭户著书的隐士。

徐道政自从跟张味真学琴之后,每游名山,喜欢以琴自随,前次游天台山时已经"竹杖麻鞋,囊琴榼酒,以赴卅年结想一万八千丈之天台";在台州府城,实际还有与喜琴人士的交流切磋活动,特别是与他的古琴教师张味真,就经常在一起切磋、商量琴艺。张味真在此与府城中的琴家也有交流,像民国八年(1919)八月十八日下午三时,项士元"偕张君味真至旧府署访朱颖孙、毛芷沅二君。颖孙能琴,工绘事,藏有古琴二:一为郑广文虔故物,得于严琴孙先生;一为黄润川(河清)大令故物,亦数百年矣。不知润川得自何人?芷沅有王时敏、黄易、陈鸿寿诸人山水,亦颇可观。六时,邀味真至馆晚餐,话至月上而散"。八月十九日日记又说:"朱颖孙筠,性聪颖,能琴,解绘事,家藏古琴二",而可惊可谔之事是"颖孙奔走革命,久置琴不鼓。一夕,其夫人及邻右蓦闻铿然之声,讶为警钟。静聆之,发自壁间。视之,二琴在焉。迁之别室。嵊县张味真精究音律,闻而访之,叹为得未曾有。其宝贵可知矣"。项士元又记:临海城内严琴生布衣能琴,精岐黄。今朱君颖孙有古琴一张,云系郑广文物,即得自(严)琴生者也(八月二十五日日记)。同时张味真在台州府城教书,也招收学琴弟子。如黄岩管向定先生,为富阳夏伯定高足,笃守宋学,遣其子从张君味真学琴,来郡城,住华青阁下,可谓信而好古矣(九月初八日日记)。此类活动,以时人观之,望若神仙,也为后人探索民国时期文人生活的丰富多彩与充满文化气息,提供了极为普通而又信实的事例。

第七节　兴引蜡屐探雁山

我国历史上文人都喜欢"登临",其内涵丰富而具有现实意义。所谓"登高能赋,可以为大夫",是将登山临水之际,触景生情,吟咏诗赋与其才华能力相钩连,作为文人是否可以承担重大责任的重要依据。即使在暇日游乐山水,也是借山水而抒发怀抱,如王羲之所说"仰观宇宙之大,俯察品类之盛,足以极视听之娱,信可乐也";而登临之际,每多"登山则情满于山,观海则意溢于海",就会"情动于中而形于言",发为歌咏,形诸诗文。徐道政喜爱登临,已见前文,他在《六十生日作》诗中回顾自己游览山川的经历,用了"名山思遍历,五岳企向平"这样两句诗概括。在台州任教期间,他的游踪除了登天台、游东洋这两件大事之外,还有一次雁荡山之游,因为留下的诗文很少,只有一首诗一篇文,容易被忽视。诗是《宿灵岩赠灵岩主人蒋叔南君》,文则是为有"中国近代第一旅行家"之誉的"雁荡山主人"蒋叔南所纂《雁荡山志》而作的序。徐道政游雁荡之诗,没有留下明显的时间,据徐道政的《雁荡山志·序》,有"昔余游雁荡,先借观曾氏旧志,以为老马可师也。而入其境,则仍茫然不知所从。时叔南方经始屏霞庐别业,得其指引,始不迷于所往"云云,徐氏所借"曾氏旧志",是指清人曾唯编纂的《广雁荡山志》二十八卷,初刻于乾隆二十五年(庚辰,1760),乾隆五十五年(庚戌,1790)、同治八年(己巳,1869)有重刻本;而且此书是游览雁荡之行前不久,由张味真向项士元借阅。民国八年(1919)二月十九日项士元《日记》载:"雨。徐楚翘招饮,郭松垞、张味真二君来。……张味真借《律吕精义》七本,《雁山志》八本。"可知徐氏作序以前有过雁荡山之旅,而且入山以后得到雁荡本地人士著名旅行家蒋叔南的指引,顺利游览了雁荡山。徐道政这次"昔游"的确切时间是在民国八年(1919),他的《宿灵岩赠灵岩主人蒋叔南君》诗,便是此次游览雁荡的作品,也是此游的佐证。据卢礼阳、詹王美校注《雁荡山志》徐道政序校注:"此诗题《宿灵岩赠灵岩主人蒋叔南君》,作于民国八年,收入本志卷二六,参见《蒋叔南集》附录三。"近日得到临海博物馆藏徐道政书法两幅照片,其中一幅与徐道政游雁荡直接有关:徐道政篆书条幅《问道不其》下徐氏自注:"游雁宕,道出黄岩,偕张君味真,奉访枚伯先生,啸风弄月而归。口占绝句云:潮落澄江日正晡,上船先访逸民庐。琅琅金石满天地,带草盈阶自著书。并篆四字,以志倾向。己未寒食节徐道政留字(方印)。"(见附图《问道不其》)由此可知其游雁荡的具体行踪与确切日期。徐道政此次游雁荡,是与张味真结伴同行,其旅游路线是从临海乘船出发,经黄岩县城,登岸联袂造访台州著名学者王舟瑶先生,归来后写下此幅书法。其时间是民国己未年寒食节(1919年4月5日,是年

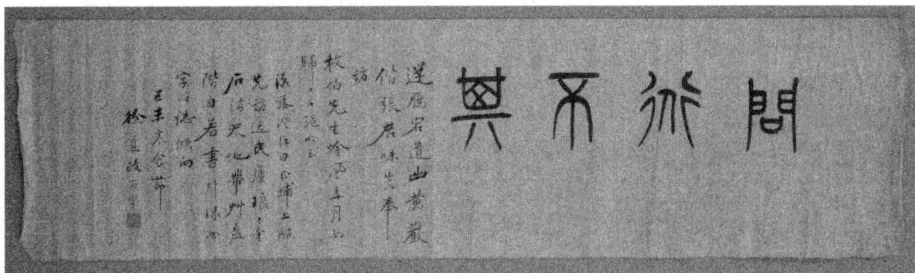

臨海博物館藏徐道政書《問道不其》

清明节是 4 月 6 日）。王舟瑶（1858—1925），字玫伯（徐道政写成枚伯，是记音），一字星垣，谱名正阶，小字绍庭（见《默盒居士自定年谱》），号默盒、潜园、墙东居士，黄岩县城天长街人，少时读书于九峰书院，光绪十一年（1885）入杭州诂经精舍，为山长俞樾所赏识，二十六年（1900）赏内阁中书衔，二十八年（1902）被聘为上海南洋公学教授，同年京师大学堂开办，被聘为大学堂师范馆经史教习，后赴广州任两广师范学堂监督，三十三年（1907）赴日本考察，辛亥革命后归里，建藏书楼曰"王逸民庐"，收藏台州遗书甚富，著作等身，有《中国学术史》《读经札记》《群经大义述》《默盒集》等。据此，徐道政是在台州临海六师任职时期前往雁荡游览，并且是在收到雁荡山主人蒋叔南寄来的游山记之后。徐道政《宿灵岩赠灵岩主人蒋叔南君》诗中说："因风寄我游山记，妙语写出山骨髓。"可见是由蒋叔南游记牵引，因游雁荡比较合理合情，这是离雁荡最近也是很方便的条件。若是在其他时间游雁荡，则都颇费周章。这里有几点有意思的信息：一是徐道政与蒋叔南早在民国八年（1919）之前就已经认识，并有书信往来，保持联络沟通；二是从民国五年（1916）蒋叔南到上海商务印书馆出版雁荡山宣传介绍书籍以来，曾经将这些书籍寄与国内许多文化名人，邀请来游；三是蒋叔南为营造雁荡山良好的旅行条件，在硬件（基础设施）和软件（文宣推介）诸方面都做了重要工作，取得良好的效果；等等。蒋叔南招引京沪名人来游雁荡，常至杭州迎接，从天台山一路游到雁荡山，台州府城临海便成为蒋叔南歇脚中转之地，与徐道政等一干台州文化名人相熟，也是促成徐道政往游雁荡山的动力之一。为了更好地吸引游客，为来游者提供书面引导，蒋叔南与其族侄蒋宗松（号北斗洞道人）请画家张修父执笔描绘《雁荡山图》，时在"庚申秋日"，即民国九年

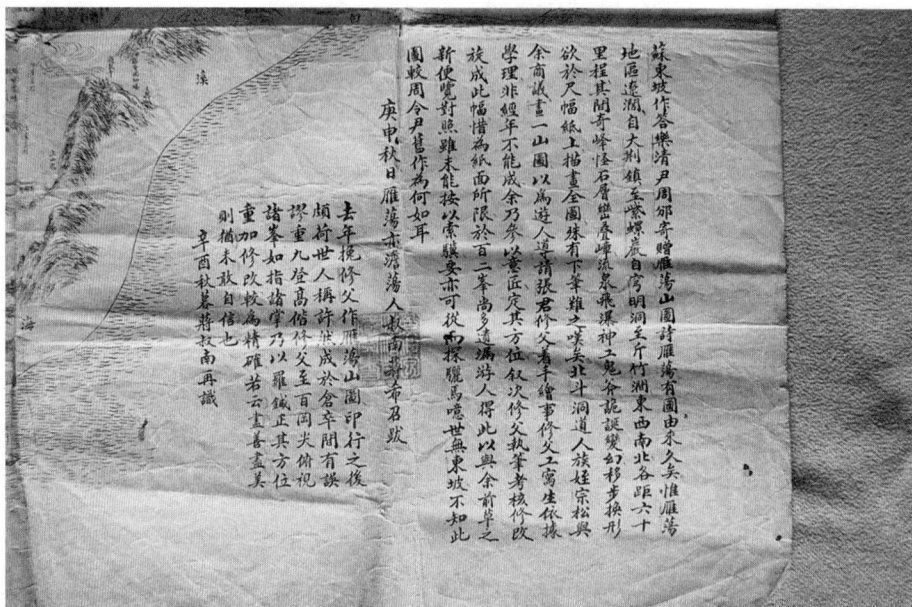

蒋叔南《雁荡山图》1

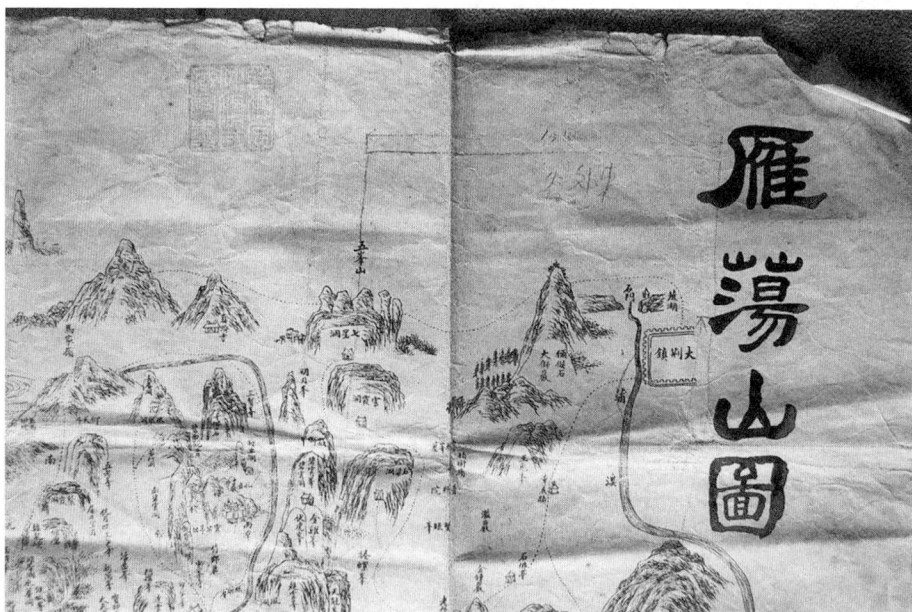

蒋叔南《雁荡山图》2

(1920)秋,印行之后"颇荷世人称许,然成于仓卒,间有误谬",所以"重加修改,较为精确",时在翌年"辛酉秋暮"。雁荡山旅游开发卓有成效,积有数年之后,蒋叔南便有了重修《雁荡山志》的计划,编纂成稿,誊写成十册,请海内名家为之作序,徐道政也是作序者之一,其他作序者还有康有为、李洣、刘景晨、刘绍宽等。从徐道政游览雁荡山到"今年秋,遇叔南于武林(杭州),江浙战事方酣,叔南赴衢州观战。珍重焉什袭其所为《雁荡志》十巨册,保于余而索序也",可知已经有五六年之久。因"江浙战事方酣",而江浙战事(又称齐卢战争,是江苏督军齐燮元与浙江督军卢永祥两个势力集团之间的战争,是年为甲子年,故又称甲子兵灾)爆发于民国十三年(1924)九月三日(9月3日),而9月8日闽赣联军从背后夹击浙军,向仙霞岭攻击,以内应献图,于16日占领江山县,18日攻陷衢州,浙军败退。可知此序作于1924年秋季。这时徐道政已经离开六师校长之职,回到诸暨养老了。由于台州的地理位置关系,当时从京(今南京)沪苏杭而来游雁荡山的游客,每先游天台山,到台州府城停留,此举一例:事有凑巧,民国九年"六月三日(阴历四月十七日),庄蕴宽、张一麐、梁伯强、蒋叔南等因游天台,过访第六中学,毛芷沅校长请其莅校演讲。"(项士元《项慈园自订年谱》上)庄蕴宽(1866—1932),字思缄,常州人,光绪十六年(1890)中副贡,历任浔阳书院主讲,梧州府知府、太平思顺兵备道兼广西龙州边防督办等职。辛亥革命后,任江苏都督,后上京任审计院院长十二年。这位庄先生与徐道政同龄,办学多年,两人有共同身份、共同话题,徐道政此时还在六师校长任上,很有可能于此时结交,与下文的张一麐等人同样交游。张一麐(1867—1943,字仲仁,号公绂、民佣,别署大圜居士、红梅阁主),江苏吴县(今苏州)人,民国初年任总统府秘书,袁世凯改国务院为政事堂,下设六局,张一麐被任命为机要局局长;民国四年(1915)调任教育总长;民国五年(1916)因不满袁世凯称帝而辞职南归。如此可以推知,这些民国社会名流游览天台山后,前往雁荡山途中,肯定要在临海逗留一宿,或者先到临海,游览府城山水名胜,再游天台,当时台州文化界的头面人物如六中校长、六师校长及城内的名人官宦便在游客过访临海时有机会相识甚至结交。这是徐道政南游雁荡时得到蒋叔南的指引与接待之明年,徐道政肯定要尽地主之谊。项士元日记亦载:"上月,庄思缄、张仲仁、梁伯强、屈伯刚、任味知、蒋叔南诸公来游天台,道出临海,因慕东湖之胜,师校校长徐病无曾陪往一游。病无赠诗有'仰掇高云归旅箧，倒收飞瀑入吟杯'句。"即指(民国九年1920)四月中旬庄、张、梁、屈、任、蒋诸人来游临海，到六中演讲一事："十七日，晴。下午四时，中学校开会欢迎梁伯强(善济，山西人)、张仲仁(一麐，江苏人，前教育部总长)、庄思缄(蕴宽，阳湖人，前审计院院长)、张雨葵(一爵，仲仁之堂弟)、任味知(传薪)、屈伯刚(燨，平湖人，金事)、蒋叔南(希召，乐清人，长于文学)诸君。首由梁君演说《学生的爱国》，大概谓国家系多数人组成，不可任少数官僚、军阀操弄。我辈爱国亦当认定爱共和之国，不可误认。其方法当由学界联络农工商各界，并当从各小部分进行，不但罢课就可了事云云。次由张仲仁氏演讲《自爱》。后由庄思缄氏将孙兴公作《天台山赋》之意，比其来校演说，颇具风趣。黄昏，偕沈良铨、许荫庭至狮(狮－师＋至)桥盐税局访伯强、仲仁、思缄诸老，赠以《赤城丛刊》及杨节愍像卷数帙，并订俟其台山游归，开大会欢迎。"又据前文《掌教莅台继广文》一节所述，徐道政是在民国九年(1920)阴历五月十七日(阳历7月2日)或此前早一二日被"撤任"。徐道政《雁荡山志》序中还写道："吾越人也，绮岁(指青年——引者)读王十朋《会稽三赋》，至'五泄争奇于雁荡，四明竞秀于天台'，便仙仙有凌云之志。然吾游天台，耿耿不忘者唯方广寺、石梁，而雁荡则无时无处不往来于心也。"可见徐道政心中对于雁荡山的向往之深且切，魂牵梦绕，又有甚于对天台胜景的惦念。

徐道政之向往雁荡山固然早在"绮岁"即因王十朋赋而"仙仙有凌云之志"，憧憬于心，而游览雁荡山得以成行与歌颂雁荡山，主要是与雁荡山中的名人蒋叔南(1884—1934，名希召，字叔南)有密切关系。蒋叔南是乐清大荆人，其家于著名的雁荡山腹地，是清末民国早期雁荡山旅游事业的开创者与代表人物，被誉为"雁荡主人""雁荡山中兴主""灵岩寺的护法者"，在全国文化界广有影响，而于京(南京)沪(上海)、苏杭一带声名尤噪，形成一股雁荡山旅游热潮。蒋叔南光绪三十一年(1905)考入浙江武备学堂，后被选送入保定陆军速成学堂第一期骑科深造，与蒋介石、张群同学，宣统元年(1909)任温州府中学堂师范科(后来温州师范学校、温州师院前身)经学与体操教习。辛亥年武昌起义爆发，蒋叔南奔赴上海，任陆军第二师第八十九团团附，时任师长黄郛，团长蒋介石。民国成立，袁世凯欲称帝，蒋叔南于民国四年(1915)离京南下投身护法运动。性嗜旅行，国内名山如武夷山、天台山、普陀山、黄山、泰山、嵩山、恒山，游踪殆遍，如徐序中所言:"好游名山,足迹所至,必扪萝攀葛,登峰造极,剔苔剜藓,选奇穷幽,甚至冒险不顾生命,数数濒于死而志不少衰。余赠叔南诗有'昔年示我游山记,妙语写出山骨髓'之句,非虚言也。"有《天台游记》《雁荡山新便览》(以上皆民国六年印行,而徐诗所谓"昔年寄我游山记"者,盖即此书)及《蒋叔南游记第一集》等书行世,对于雁荡山旅游资源的宣传与旅游基础设施的建设、经营,或评为"廿余年如一日,不遗余力,可谓敬其乡而乐其山者"。在当时社会上层文人中印象颇佳,像现代历史上的许多名人都因为蒋叔南的宣传与介绍而慕名往游。梁启超甚至誉之为"徐霞客第二",他的《雁荡山一览》《东瓯雁荡名胜便览》《雁荡亦澹荡人诗稿》等等,成为吸引游客的磁石,连蒋介石都随身携带他的《蒋叔南游记》。他邀请接待的名人如张元济、傅增湘、陈叔通、蒋维乔、林纾、高梦旦、黄炎培、康有为、黄宾虹、陈仪、梁鸿志、庄蕴宽、张一麐、屈映光、冯玉祥等各界翘楚,对形成雁荡山旅游热发挥了极佳的导向作用。徐道政之游雁荡山,早先受王十阴影响,亦是受到蒋叔南介绍雁荡山风光诸书的召唤,慕名往游之人。民国五年(1916),蒋叔南带着自己拍摄的雁荡山照片来到上海商务印书馆联系出版,并邀请印书馆负责人张元济等到雁荡游览。蒋叔南的雁荡山照片令这些文化人大开眼界,如逢仙源。当年10月,张元济与蒋维乔、傅增湘、白廷夔来游雁荡,受到蒋叔南的热情接待。游览后,蒋维乔感叹不已,且将观感写成《雁荡纪游》,发表于1917年《小说月报》第八卷第一号、第二号,插入照片二十三幅,后集结为《因是子游记》一书(商务印书馆1935年版)。傅增湘之后又来了两次,均写有游记。嗣后,前往雁荡山旅游成为当时有闲阶级、尤其是社会名流休闲生活的一道名菜,喧传于文人笔下,既出版游记与便览一类通俗读物,又见诸期刊连续发表游记,还在报纸上作了接二连三的报道,对社会的中上层产生的影响既深且远,引领旅游新风尚。

　　徐道政此游雁荡,所作诗仅《宿灵岩赠灵岩主人蒋叔南君》一首,其中有"灵岩主人神仙俦,半生爱入名山游"之句,称赞蒋叔南像飘然太白那样"五岳寻仙不辞远,一生好入名山游"。下面交代此次来游雁荡的起因,是蒋叔南将自己的游记寄与徐道政引起的：“因风寄我游山记[①]，妙语写出山骨髓。蜡屐所到鬼神惊，造化灵奇不敢閟。”徐道政到了雁荡山实地游观，其山水景色之神奇美妙，造化钟神秀，鬼斧神工，可谓耳目一新，惊叹不已，连原先所读蒋叔南的游山记也不足以反映雁山之美。徐回忆自己游雁荡，起初借来曾唯《广雁荡山志》作为游山指南，可是到了山中之后，连东西南北都分辨不清，后与蒋叔南会晤，得其指引，遂得以畅游雁荡山。此次游览过程中，双方做了很多的交流，像写蒋叔南：“自言先世住大荆，百二奇峰若家珍。”徐道政向蒋叔南了解有关雁荡山的风物、传说，如唐僧诺巨那开发雁荡的历史传说，称赞此地好山好景，得到识货者的开发与建设，真是高山流水，遭遇知音，“名山留与名士住”，可以发挥更好的作用。写作此诗时，适逢天降大雨，千山迷蒙，“山中一夜雨，树杪百重泉”（唐王维《送梓州李使君》）的景象立即浮现心中，不禁引发诗人明朝赶赴大龙湫看瀑布的勃勃兴致。

徐道政之游览雁荡山的时间，正是在他从日本考察教育回国之后，五四运动爆发之前。根据民国八年（1919）全国学界的形势与六师学生抵制日货风潮迭起的情况来看，六师校长徐道政是利用寒食节、清明节“踏青”之便，偕张味真同往。是年寒食、清明节是阴历三月五日、六日，他的这次出游雁荡，可谓从日本回国，并回到六师校之后的第一次见诸史料记载的公开露面。徐道政此行是乘坐上午的班轮前往黄岩，下午前往台州著名学者王舟瑶府上拜访，从其诗“潮落澄江日正晡，上船先访逸民庐”可知（晡是落日西斜，傍晚时分。此处“上船”是从船里登岸之意）。台州引进火轮船是从清末开始的，黄岩与海门镇（今椒江）通航于宣统元年（1909），府城临海与海门镇通航火轮于宣统三年（1911），故在当时没有公路的情况下，徐道政乘坐火轮到达黄岩是最佳出行方案。我看项士元《日记》，民国八年（1919）开始出现徐道政的身影是在三月十九日：“三月十九日，阴。徐病无、张巨川、卢振声诸君来。”由此大致可以推知，徐道政、张味真三月五日乘船出发游雁荡，到三月十八日，或许再提早一两日，这段十几日时间，便是由临海南游览雁荡来回的时间。此后由于巴黎和会事关中国国家利益

---

① 因风寄我游山记：徐道政《雁荡山志·序》中引作“昔年示我游山记”，诗人自己记忆有移易，而成异文。

与尊严受害,台州文化知识界与全国一样,群起呼应,外争国权,内惩国贼,掀起了此起彼伏的爱国运动热潮。徐道政身为文化知识界人望,投身于这场空前的运动潮流之中。如四月学生与商界争端起,项士元与徐道政出面解决:"四月初二日,晨,雷雨……上午九时,偕王文侯至师范校访徐病无、张味真诸君,为调停昨晚争闹事。"此后到六月,均有徐道政的身影,八月又有徐道政出面解决学生与商界关于查获日货之争,直到十月抵制日货事件平息。民国八年(1919)夏天,台州府城里发生了一场较重的霍乱疾疫,民众猝不及防,情况很惨。台州府城内外官民发起防治霍乱活动,徐道政懂医,积极参与,想方设法。前文已具,此不赘述。项士元在其《石楂见闻录》中有较多日记文字及当时调查报告等材料,做了较为系统的记录,本书则见前文《掌教六师继广文》一节中徐道政与台州文士冠冕项士元交往部分。总之,民国八年(1919)是徐道政人生经历中丰富多彩、可圈可点的一年,而游览雁荡山则是一件为其人生增辉的雅事。

第四章　黄花晚节更留香（卸任六师到归道山）

前文述及徐道政治学、治校，教书育人，在当时树立了较好的形象，拥有较高的社会声望，却在风起云涌的学潮平息的翌年暑假前黯然去职，十分出人意料。其中主要原因，是以争青岛主权而掀起的罢课学潮；至于是否有其他原因，现在已经难以完全复原，当年六师学生许杰先生的回忆录里面略加点染，披露了一点其中秘密，此处不拟展开，留待今后有意者继续探索。继任六师校长者是另一位绍兴人，名叫罗志洲，是从武昌高等师范学校（一说是北大外语专业）毕业的高材生，教英文，而在学潮的持续冲击下，不久亦无奈去职；由杜师牧接任，不到一个月，就被学生驱逐；由另一位诸暨人郑鹤春接任校长。如此走马灯似的更换校长，可以推知当时六师学潮起伏不停，驱逐校长及某些校重要岗位人选，虽有当时大环境的影响，也与某些外来力量的鼓动有不可分割的关系，从而导致校长处境亦很艰难。校长难当，教学难管的情形，可见一斑。

第一节　翰墨归田助雅兴

徐道政在书法上造诣深厚，享有较高声誉。其作品早在 20 世纪初即见重于时人，如诸暨的斯民小学便请徐道政题写校名，撰写校歌，还撰写碑记《斯民校舍记》。这是在他担任六师期间之事。而在卸任六师校长之职以后，徐道政的行迹就大为减少，以至于要联系起他的晚年生活，实在不容易。笔者在搜读徐道政晚年的文字时,深感材料零星,难以连缀成篇之苦,而又不可付之空阙,只得勉为其难,努力向前。

　　徐道政耽于翰墨,长于吟哦,每游一处,辄有诗文随之,其《天台纪游》《东游草》各自专门编集单行,故现在还有存世。在离开第六师范学校之后,他的诗歌创作并未停止,仍然有许多游览观光的诗作问世,只是并未结集。到晚年,他将自己的诗编成《勾无山民诗钞》七卷,但此诗钞带有别集性质,与之前单行小集不同。可惜此诗集在"文革"之后难觅影踪,实在令人为之扼腕叹息啊。

　　徐道政归田之后,还为宗族承担过一个文化工程——编纂宗谱。正如他的好友项士元在《台临洪氏宗谱·序》中所说:"谱牒之学,非仅敬宗收族,亦足考献征文,诚一姓之史乘,吾国特有之记载也。唐宋以降,斯学渐晦。一般谱师往往妄托华胄名流,任意淆乱谱牒,遂为史家所鄙弃。晚近民族之说充塞寰宇,家族实为权舆。究心文史者沿流溯源,因之谱牒复为世所推重。"家谱、宗谱、族谱自古为家族流衍的史料,称为"家乘""私乘"等,其性质与作用,以项士元的话来说:"诚一姓之史乘,吾国特有之记载。"徐道政于清宣统三年为《暨阳大成徐氏宗谱》作过序,归田后的民国二十年(1931),他担任《暨阳大成徐氏宗谱》的主编。

第二节　射勾山房营菟裘

　　徐道政归田之后,先是将老家黄畈阳村的住房起了新屋,也就是今天仍然保存完好的徐道政旧居,是一个完整的四合院子,前贤所谓"富润屋,德润身",也是文人生活常规。这处新屋徐道政取名叫"射勾山房",正门上方镌石"射勾山房"四个篆字,是徐道政亲笔,据其上款题"辛酉秋",落款题"病无题",那么可以确定射勾山房是民国十年(1921)秋所建,正是从六师去职的第二年。由此可以推论,此山房的营建应当是从台州府城临海回家之后,有空闲了,也有钱了(当时教师薪水高,校长是全校薪水最高的人),就自然要起新屋。此外山房上还留下了多处徐道政的痕迹:它的左右厢房外侧门楣上一方题"白岩挺秀"四字,

射勾山房 1

射勾山房 2

一方题"黃阪凝祥"(可知今黄陂阳的黄陂原作"黃阪"),均以篆文题就。从房屋形制看,是一幢有民国时期特点的四合院,占地约三千五百平方米,两层砖木结构,院内各房以廊相连,正房门窗、梁柱间雕有精美图形,或菱形格,或花卉、人物、鸥鱼等。在西厢房裙板上雕刻的方形箭簇图案,图案中心的阴阳八卦鱼以及分射东西南北的四支箭头,其涵义有些深奥,令这幢房子包含文化意蕴显得非同寻常,别具气象。院内天井里,植有桂树,如今枝繁叶茂,金秋时节,香飘四邻。据说是徐道政入京师大学堂读书时花四两银子买来的"手植桂",原有两株,今仅存一株。

徐道政手植桂

射勾山房坐北朝南,南临龙泉溪,正门却朝东,东见射勾山。其楼上藏书万卷,据其曾孙徐乃艮介绍说,当年楼上的书房里摆放着一百零八只书箱,一百零八张桌子,一百零八把椅子,可供百余人借书阅读使用。在书房角落里还有两张铜床、两张铁床,可供亲友、借书人在阅读之余休息之用。据当年曾经目击者称:射勾山房藏书数万,为诸暨藏书楼之最。这里的藏书并不封闭,而是鼓励读书人来借阅,它是对外开放,将私家藏书作为公益事业来做的。这处为退隐养老营建的山房,在当地乡间民宅中很是醒目,其"身份"自然远高于普通民居的建筑档次。徐氏后裔对此山房也有深厚的情感,留下绵延的留恋与情思。徐道政的第三子徐颂薪,为此作诗以表达自己的心情:

> 有鸟高歌南窗外,知够知够知知够。
> 此鸟本栖射钓麓,何事作客到瀛洲?
> 我也梓居面射钓,别来已将二十秋。
> 隐闻九嶷杜宇声,一声声道莫久留。
>
> ——徐颂薪《清晨突闻知够鸟有感》

射勾山房藏书楼

射钩山也作"射勾山"。徐逸樵在诗后自注:"此山系我故乡浙江省诸暨与义乌两县之分水岭,峻秀挺拔,俯瞰群峰,相传为越王勾践习射处,因有射钩之名。"

第三节　山家唱和有名流

徐道政经营"菟裘"之后,还有许多亲朋好友在政界、学界、商界等,与他有文字交,请他为教育做点事,自在情理之中。他自己在闲居时要找点事来做,也是很自然的。从现在还存世的徐诗中可以看到,他归田之后,至少还参与过两三件公益文化建设工程:一是参与编纂《诸暨县志》,作有《为修县志采访事宿黄家店夜雨与族兄聘三联句》诗:"暮入桃源里,人家别有天。岭高怜马苦,潭古说龙眠。苦马岭界东阳,太祖兵过此,苦其崎岖,故名。客梦千山雨,雷声百道泉。鸟歌泥滑滑,归路逐岩烟。前二韵病无,后二韵聘三。"便是编纂县志时搜集史料的见证。这是卓有声望的地方文化名人发挥优势,贡献余热的常见途径,也是地方衙门寻觅编纂县志等文化工程的首选。二是参与编纂《大成徐氏宗谱》,徐道政作《辛未岁大成宗祠修谱四十韵》,这是民国二十年(1931)所作的诗,时年六十五岁。诗中写到大成徐氏"始迁祖当元末兵起,由东阳避难大成山中",也写到当时纂修宗谱的生活点滴:"自惭康乐咏,幸得惠连从。谱事资群力,时修倚众工。"诗人于前两句后自注云:"每日落,与半貆弟散步祠畔。"是指与其堂弟徐半貆相偕漫步的情景,那么被比作谢惠连的这位堂弟肯定是才华出众之人了。还写到"雅度愧城北,仙游拜海东。诗名惊裂竹,琴韵出焦桐",是回忆起他赴日本考察教育和得到古琴的生平喜事,前两句后自注:"余前长六师校,台人戏呼'城北公'。及游日本,访徐福墓。"后两句自注:"余得朱子古琴。"可见到了年近七旬,徐道政仍然以访日为荣,以得到一张古琴为十分有缘于古贤之事。《徐氏宗谱》中还载有他的另一位好友徐霈霖的《和病无六十自寿诗》:"门对青山拱射句,小草东游余蜃气(君有《东游草》饷学界)。"徐道政有一位著名的好友马一浮,年小于徐,而学问高深,名声远播,徐道政是在浙江两级师范学堂任教时(1909年秋)与之相识结交的。马一浮与徐道政一样喜爱古琴,张味真帮徐道政

辛未大成徐氏續修宗譜序

婺越諸山祖太白其東出者爲走馬爲秦望而終於會稽之禹穴儒林道學帝

王萬世之功之所宅爲西出者歧而爲二左首吳寧蟠烏傷浦陽富春而尾

於石牛忠孝文武英雄割據之所炳靈焉右枝則連岡三十有六突起方山折

而東爲大成徐氏子姓居之銀峯石臺抱其前吳山梅嶺繞其後純幹栝柏瑤

琨筱簜銀錫銅鋏禹貢職方山經地志所載靡不畢具雖地狹人稠而筋力所

出至死不饑故民情敦厚地重難動搖不爲邪説所惑族自元末遷此易世三

朝歷年五百編戶千家葺譜十次今距清季宣統辛亥續修又二十年矣此二

十年中玄黃變色朝市易位異説萌生政體屢革政前次序中所稱社會新主

義懼破宗族主義者又復變而爲過激滔滔乎有載胥及溺之勢而吾父老獨

兢兢於敦宗聯族異口同聲或恐後期雖有少數族人以意見參差激而爲分

葺之論而宗人之明大義者奔走呼號期期以爲不可卒之意見消融復歸合

作未始非祖宗在天之靈有以牖其衷而不使解其紐也夫譜猶史也其純疵

大戈余氏宗譜 卷之首 四二 三侖叙堂

徐道政主纂大成徐氏宗谱1

視乎纂修之人吾族修譜規則開宗明誼即嚴重其詞曰必文字精通事理明

白者與其事不得拘拘於分房之説蓋預料後世子孫必有文字不通事理不

明之人以爲我房分鉅人丁繁必濫吹素飱虱乎其間以把持其所謂權利者

苟人存此私譜事尚可問邪此次續修在外局則有維洪謙安靜人貞固足以

幹事内局則有半穉麗生竹鄰允升清揚綏之一心編輯校讐而不敢苟且

而政得以衰朽之年鼓琴詠詩優游焉以總其成功何其幸邪用敢道其山川

風俗祖德之美而尤望族人之讀書明理造爲有用之才擴大其宗族主義而

爲保國保種之基也族人乎亦將覽斯文而興起乎

中華民國二十年歲次辛未十月之吉

裔孫道政謹譔

二〇一三癸巳重修

三佰餘堂

徐道政主纂大成徐氏宗谱 2

在一家代售铺买到一张十分古老的无弦古琴,马一浮把玩鉴定之后说,此琴虽非朱子之琴,但肯定属于五百年前之物。所以徐道政就在此诗中夸耀地说"得朱子古琴"了,可见在其内心对此琴的喜爱程度。徐道政与马一浮直到晚年还有诗歌唱和。马一浮《题徐病无诗集时方病目》诗云[1]:"勾无山民年八十,颊如婴儿眼如日。袖中示我一卷诗,篇篇出语皆奇崛……"这首古风用生动的细节描写,把徐道政的相貌与诗歌特点都写得十分风趣而传神。从诗中"年八十"可知,作诗时间大约是民国三十五年(1946),当时抗日战争胜利之后,社会局势明显改观,文人有心思交流风雅,商榷推敲之事。徐道政拜访马一浮,请他"指点"自己的诗歌新作,马因作诗记之。这次到杭州请马一浮看的诗卷,是否就是他自己诗歌结集的《勾无山民诗钞》?应当是有可能的。因此徐道政垂暮之年自号"射勾山民",便是他归养于老家黄畈阳,闲情寄于诗歌,喜欢挥毫书写书法,如题字、撰写对联,兼画松石兰竹,与友人交流。并有时间整理自己一生所作诗歌,编选结集,准备流传后世的。据有的专家说,这本诗集所选诗作千余首,名为《勾无山民诗钞》(有的研究者称为《射勾山房诗集》,此据徐道政主编《大成徐氏宗谱》道政本传之说)。可惜的是这本诗集在其生前并未出版,只以写本存于家,或许有抄本在人家手里。经过"土改""文革"等"秦火"之后,这本诗集影踪渺茫,存佚不明,留下其人生活动轨迹诸多的空白,也留下了深深的遗憾。

徐道政以善诗名,在杭州加入南社,志存扶轮大雅。在台州府城临海亦以诗为抒发怀抱,交流情感和文人雅集的桥梁,与台州雅士项士元等结成赤城诗社,被众人推举为社长,共唱风雅。回到诸暨之后,也时不时地参与有关雅集,参与社会文化活动,如前文所述诸事,都是这位当时"主持风会"者的偶尔露脸,所留下的雪泥鸿爪。新近发现台州府城文化名人、辛亥老人杨镇毅有《新正次

---

[1] 关于徐道政晚年所编诗集名称,在目前所见论著中存在歧见。有的研究者根据马一浮此诗题目,而读作徐道政有一种《徐病无诗集》,实恐有未安。马一浮此诗题目是泛指,并非专指。且从徐道政晚年整理自己一生所作诗歌汇编结集的情况看,徐道政晚年所编自己的诗集似未最后定版,其宗谱本传中明确记载为"《勾无山民诗钞》七卷,《周礼札记》六卷,待梓",即等待出版。故有的研究者称之为"诗稿",有的又称徐道政诗集稿本为"钞本"。因为其诗集未经刊行,在 20 世纪 80 年代还有人说看到过这本"诗稿",而多数诸暨文史专家认为此诗集已佚,所以其存佚情况又有未明之处,或许尚存天壤间亦未可知。但似未见徐道政还有其他自编诗集,所以马一浮此处所说"徐病无诗集"当指《勾无山民诗钞》为是。

徐病无〈述怀〉原韵》四首,作于 1927 年,兹录第一首以见一斑:"满城萧鼓又新年,南服从今别有尺。礼教早离千里路,诗书不值一文钱。山川依旧风光好,孔孟何如盗跖贤。怀古伤今正凄绝,鹊韵起古槐巅。"可见符道正文与杨镇毅保持交往诗歌唱和情谊未疏。以诗歌创作而论,归隐黄畈阳之后,一次性创作较大者,要数民国二十一年(1932)六月的邑城云霄殿觉云轩活动,年龄已经"奔七"的徐道政一口气写下了以《邑城云霄殿觉云轩题壁》为题的十首七绝,既有传统诗歌格律的整齐和谐,平仄协调,音律铿锵,又有内容新鲜、与时俱进的时代风貌。如第一首:"一声汽笛火车开,不尽煤云滚滚来。两浙东西都过此,车中人说小蓬莱。"就是写出了蒸汽机时代火车开通所带来的新事物新气象新感受。又如第二首:"天兆新宫泄地灵,游人漫说八风亭。凭栏一读天然画,十里长山九叠屏。"这是写云霄殿所见山水如画的优美风光,给人留下深刻难忘的印象。诗的最后一首,写出了诗人要秉持越国先贤坚忍不拔的精神,不可为俗世恶势力、不可为不义屈的品格:"嶙峋诗骨应常在,青石寒风太古坛。"这与绍兴老乡周树人的"洗尽铅华见风骨",不是同工异曲,异曲同工吗?

同时徐道政与台州府城名人故交也仍有来往,诗文传递。如台州辛亥革命元老杨镇毅先生还遗留有《新正次徐病无〈述怀〉原韵》诗四首,作于民国十六年(1927),正是国民革命军从南方向北进发,扫荡割据各地的北洋军阀,重新统一中国之际。从第二首诗中所言"故人家住浣花堂,发已苍苍视已茫。老去风情还跌宕,别来诗兴越清狂""吟得好诗频我寄",就透露了徐道政返回暨阳后日常生活的一个内容丰富的截面,不仅坚持作诗吟诵,还与诗友经常唱和交往。今转录于此,以见鸿爪留痕:

一

满城箫鼓又新年,南服从今别有天。

礼教早离千里路,诗书不值一文钱。

山川依旧风光好,孔孟何如盗跖贤?

怀古伤今正凄绝,鹊音忽起古槐巅。

二

故人家住浣花堂，发已苍苍视已茫。

老去风情还跌宕，别来诗兴越清狂。

早知人事多翻覆，一任天公自主张。

吟得好诗频我寄，锵金戛玉总如常。

三

墨作资粮笔作兵，代天讨伐不闻声。

未来大业双肩荷，欲坠斯文只手擎。

只尽我心完我责，不论功败与功成。

但教正气留吾党，即是他年券太平。

四

安危治乱系人才，乱到如斯拨不开。

五角六张偏适值，三年期月费疑猜。

试看箕子陈畴日，总有明王访道来。

剥复循环天理在，寄声吾友不须哀。

　　杨镇毅在此诗的第四首所写，勾画出徐道政在归田诸暨后仍然怀着一个知识分子的赤诚之心，关注时事，挂念民生，对当时尚未统一的国家大势深表忧虑，希望能有"明王"来访道，献计划策，贡献绵薄之力，就像古代大贤箕子一样。杨镇毅还鼓励友人对未来局面的发展要有信心，"寄声吾友不须哀"。从杨镇毅与徐道政的唱和诗中还可得知，他们之间保持着密切的联系，"吟得好诗频我寄"，互通声气，互相鼓励。可以推知徐道政与杨镇毅来往的除诗稿外，还有信札、字画等。只是据杨镇毅的后裔说，其"生平往来函札积有数大木箱，具有极其珍贵的史料价值；他平时所作诗文札记，刺世嫉邪，锋芒所指，罔所避忌。可惜绝大部分毁于劫火，历史文物也散失殆尽"云云。如此与徐道政唱和诗算是劫后遗珠，倍感珍贵了。徐道政归田之后也不是都住在诸暨璜山的，他的儿子徐逸樵在西湖边有房子，在杭州长庆街也有屋子，他就有便到杭州居住，如今留传下来的一幅"全家福"照片，就是1946年小住杭州时，与三子徐逸樵一家为主体的合影，算是如今十分珍贵的影像文献了。

第四节　情寄暨阳辑《诗英》

徐道政晚年的另一件大事，就是要编纂诸暨全县古今各家诗人诗歌精品于一炉，既以存诗，又以存人。他在《募印〈诸暨诗英〉启》中说："向者郦黄芝、郭复亭前辈，有《诸暨诗存》之葺，募刻流传，文献足征，厥功甚伟。"意思是说，诸暨前辈雅士郦黄芝、郭复亭编有《诸暨诗存》一书，为后世保存了许多诸暨诗人的作品，其功绩十分了不起。因为郦黄芝、郭复亭之书问世到现在又过去了五六十年，有许多诗人诗作产生，若不及时加以收集编辑，稿本散佚，以后就无法寻觅了。因此，徐说"仆不自量，窃思嗣徽前烈，遗饷后贤，选刻《诸暨诗英》，诗馀亦附。当此新旧绝续之交，而有扶轮大雅之思"。就是由他来接过前贤的未竟事业，而给后人留下可资吟诵的作品，承担选刻《诸暨诗英》的责任，在这样新旧交汇之际，来扶持诗歌创作，重振风雅的想法。按：郭肇，字复亭，诸暨沙埭人，诸生，因患足疾而专精文史，诗、古文辞根底深厚，辑有《诸暨诗存》十六卷，自辑《东埭诗文集》八卷。可见郦、郭两人所辑《诸暨诗存》，实启《诸暨诗英》编辑之先河，为徐道政保存一邑诗歌提供了基础。

他还说："仆年已衰残，识又谫陋，乌能独任？且吾邑幅员既广，宅幽势阻，搜采难周。或藏颖不欲示人，或清秘不肯借观。伏愿同志广为网罗，各搜箧笥，或示全稿，或寄钞本，虽片楮之留遗，一什之传诵，苟有佳章，无吝邮费。"可以看到此时的徐道政已经年事高迈，独力难支，想发动有关爱好风雅之人一起来收集编纂《诸暨诗英》，将有关诗歌作品寄到他这里来，由他来承担邮费。堪称为公而忘私，以传承诸暨诗歌诗人之事为己任，远远超越了个人利益的藩篱的羁绊，读之令人为之肃然起敬。最终，徐道政编成了《诸暨诗英》一书，分装四册十八卷，其中《诸暨诗英》正编十一卷，《诸暨诗英》续编七卷，署"邑人徐道政病无

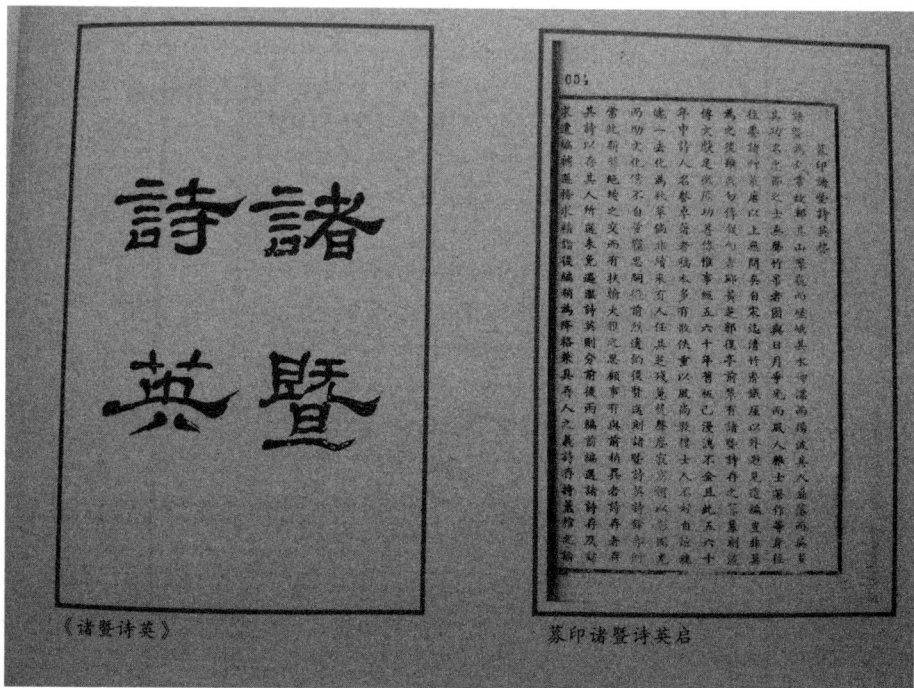

《诸暨诗英》

编",由"男颂櫄楚樵校"①,即徐颂櫄担任校对。民国廿四年(1935)编成《诸暨诗英》,民国廿五年铅印行世。是年徐道政已届古稀之龄,完成如此大部头诗歌总集的编选,没有全身心的投入与坚持不懈的热情,是难以做到的。此书选录了诸暨上自宋朝下至民国八百余年共一百四十九位乡贤的代表诗作一千三百余首,在《诸暨诗存》的基础上无论是收录诗歌作品的选择,还是在诗人入编尺度的把握等方面,都更上层楼,可谓后出转精之作,至今仍然是诸暨一邑的风雅渊薮,是研究诸暨乡邑诗歌及文学发展演变所必读的经典,亦屡为前人时贤之所赞许。对此令人想起唐贤李白的诗句:"大雅久不作,吾衰竟谁陈?……我志在删述,垂辉映千春。希圣如有立,绝笔于获麟。"这本《诸暨诗英》无疑已经具有

---

① 颂櫄楚樵:徐颂櫄字楚樵,徐颂械字朴人,徐颂薪字逸樵。实际上,徐颂櫄学名楚翘,项士元《日记》中徐颂櫄多作楚翘,如徐楚翘招饮等,楚翘其意则为楚楚之倒文,以美称也。颇疑徐道政五个儿子取名皆有一定之准则,徐颂櫄、颂械、颂薪名字皆取自《诗经·大雅·械朴》:"芃芃械朴,薪之槱之。"

"垂辉映千春"的历史价值,更寄希望于后昆"希圣如有立"的到来。这应当是作为诗人和教育家的徐道政给诸暨留下的悠远的命题,也是风雅的余韵,高山流水,松竹清音。

在这个晚年情寄故乡的诗人生活中,还有一件难得一见的古稀之喜,在这座射勾山房上演了辉煌的一幕。据徐道政小儿子徐颂周的女儿徐祖璩的回忆,她的父母结婚和她的祖父做七十大寿是在同一天。这一天,整个山房挂红披彩,喜气洋洋,华堂集庆,贵人临门,让这个偏远山村的空气都充满了快乐的味道。来宾中,有县长李光宇先到射勾山房,以检查徐家的准备工作是否妥帖停当。还有蒋鼎文将军光临山房,以及蒋伯诚、汤恩伯、斯燮馨(燮卿)等达官名流络绎而至……这样高档华贵的喜庆气象,在山村中是破天荒的事情,真有"前不见古人,后不见来者"之感了。

尾 声

历史的车轮转到一个天翻地覆的时代,用伟人的话说是"换了人间"的时代。这个时代的许多变化都远非前清癸卯科举人的徐道政所能预料,他人生的旅程也行将终止。1950 年,在刚刚拉开帷幕的社会大变革的节点上,徐道政走完了他的生命历程,终年八十五岁。紧接着,以"土改"为开端的革命风暴席卷了全国的各个角落(台湾、香港、澳门除外),璜山这个山重水复、曲折幽深的去处自然也难以例外。

在土改运动中,徐道政的家眷被令搬出射勾山房,他的夫人赵氏被安置在射勾山房背后的牛栏间里。他祖上置下的田地全部被分给贫下中农,他已年迈的妻子赵氏屡遭批斗,被勒令跪在碎玻璃上,膝盖鲜血直流,她实在无奈地恳求好心人给块破棉袄垫在膝盖下⋯⋯据说赵氏秉性刚直,为村人打抱不平,对批斗她的事很是不平,并对批斗者说愿意日日奉陪等等。看来这位老太太内心根本没有想到在其晚年竟然有如此遭遇吧。赵氏吃了几年苦,终于 1957 年,卒年九十一岁。

他的小儿子徐颂周很早就成为共产党员,为革命武装和诸暨解放出了不少力。1944 年 3 月 29 日,共产党武装金萧支队在诸暨被围剿,浙保二团在齐村春磨堰屠杀新四军武装四十多人,这就是有名的"许村惨案",其中有不少无辜群众,刀鞘坞人蚕桑专家徐皓芳也被绑,面临杀害,幸得徐道政、徐颂周父子出面说情营救,才保下了性命。徐颂周 1944 年 10 月至 1948 年上半年担任诸暨路南办事处主任,参加诸暨地方政权,领导地方武装抗日自卫,还吸收其侄子徐祖璜(衣青)担任特务组(即短枪组)组长,在临近解放时便进一步参加了诸暨的革命工作,担任诸暨解放委员会委员,利用自己的身份掩护共产党员;土改后却因执行知识分子政策不到位,又因其兄徐逸樵国军中将的影响而被勒令退职还乡,妻子为此离婚;"文革"中又被诬为历史反革命,遭关押审查,曾以自杀以明心迹,未遂,1977年去世,1984年平反,恢复名誉;其相依为命的儿子也得到"落实政策",予以安排工作。这是后话。

射勾山房被没收,充作公房,公社化后,成了公社驻地与办公楼。因此让这座"山房"未被瓜分,较为完整地保留下来,直到改革开放以后,公社撤出,退还民用。另一个背景因素是在当时的政治形势下,徐家以及赵氏被屡次批斗,与其身为"国军"中将,时任中华民国政府驻日本军事代表团顾问的三子徐逸樵有牵连。那时的"海外关系"是令人害怕的。徐逸樵早年留学日本,回国后从事教育工作,先后在浙江省立法政专门学校、上海政法大学、浙江省立严州中学任教。1928年起,在上海政法大学政治系任课,讲授社会主义思想和社会主义批判,编写《社会主义ABC》,由世界书局出版。抗日战争爆发后,他投笔从戎,先后任国民革命军第廿军团秘书长、第卅一集团军政治部主任等职,受到蒋介石的接见。抗战胜利后,徐逸樵参加对日善后工作,任国民政府驻日军事代表团顾问,国民政府迁到台湾后,脱离军界,定居东京,并与张群等在东京创办"亚东协会分会",以深入探索研究日本古代史和中日关系的根源,了解日本的国情和民族本质,希望从中能找到一整套有益于中日建立长久和平的方法。

徐逸樵是一个文人学者,又是一位传奇式的人物。他在抗战时期受到过蒋介石的接见并给予嘉奖,又在20世纪70年代受到中华人民共和国总理周恩来的亲切接见并设宴招待。这种经历与身份是很难得的了,也是后来回国定居,被推举为全国政协常委的背景。此外,徐逸樵交游广泛,与民国政界军界名人雷震、汤恩伯、蒋鼎文等皆为多年好友。只是徐逸樵的这些经历对于土改以来的徐氏家族来说,不是引以为豪的荣耀,而是避之犹恐不及的包袱与隐患。

徐逸樵是徐道政五个儿子中唯一的留学生,才高学富,著书立说,交游广泛,在学界、军界、政界人脉丰沛,经历国难当头时期许多重要历史事件,跻身高层,是兄弟中社会地位最高者,又是五兄弟中最长寿者。中日邦交正常化以后回国访问,并在1978年归国定居。欣逢改革开放的好时光,连任三届全国政协常委,得以安度晚年。十年后,他和他的亲人们将历经沧桑的射勾山房捐赠给了黄畈阳小学,以培育人才。如今,这座充满励志故事,培养了众多杰出人才,曾经辉煌眩目的百年山房,又一次改变了职能,不仅是徐道政的故居陈列馆、射勾山房藏书楼遗址,是东庑村党支部和村两委办公所在地,还是黄畈阳村的社区服务中心等。百年之间转瞬而过,白云苍狗,变幻无穷。每当我来到山房,睹物思人,心中便生出种种感慨,思绪的涟漪不禁屡屡袭上心头,悠悠难息……

我在徐氏后裔的带领下走出这座山房,朝向西面不远的青山之麓走去,转过几个弯道,来到徐道政的坟前,看到1979年重修的徐道政夫妻合葬墓处在山

徐道政墓 1

徐道政墓 2

丘丛碧和四围田垟的映衬之中，稻田里的水稻长势茂盛，山丘上的树木枝叶蓊
蓊，路旁水沟里的水流潺湲流淌，灌溉着多少庄稼。回首眺望已近百年历史的
射勾山房，依然不动声色地处在村舍的环拥之中，沐浴着下午阳光的照映，岚烟
淡荡，若有若无，似与高天上的白云相呼应。不禁联想到这座民国早期的建筑，
它就像这里的青山绿水一样，生生不息，充满活力，还在发挥着公益服务的作
用，它的生命还在绵延，它未来的路程就像村旁高山下淙淙的流水一样，唯知奉
献，滋润万物，播洒希望，不求回报。它的美好品性，可谓冰清玉洁；它的远大前
程，自然山高水长……

回望黄畈阳

参考文献

[1] 夏崇德.徐道政诗文集[M].杭州:浙江工商大学出版社,2017.

[2] 夏崇德.徐道政诗文集补遗[M].台州学院校志办印,2017.

[3] 夏崇德.台州学院前贤史料选[M]//〈台州学院志〉志馀史料选辑之二.台州学院校志办编印,2013 年 12 月.

[4]《椒江教育志》编纂委员会.椒江教育志[M].上海:上海三联书店,2004.

[5] 项士元.日记[Z].写本,临海博物馆藏.

[6] 项士元.项慈园自订年谱(上下册)[Z].写本,1957 年,临海博物馆藏.

[7] 项士元.(民国)临海洪氏宗谱·序[Z].临海下塘园洪氏宗族藏本.

[8] 项士元.巾子山志[M].丁伋,校点.北京:中国文史出版社,2005.

[9] 项士元.石楂见闻录[Z].写本,临海博物馆藏.

[10] 临海老年大学编,丁凤星主编.临海民间文学选编[M].香港:天马出版有限公司,2005.

[11] 马启煌.徐道政故居[Z].徐道政故居说明文字,徐道政故居藏.

[12] 吕敏.射勾山房往事[M].见《璜山》.

[13] 斯民小学.斯民师生名录[Z].

[14] 徐道政.说文部首歌括[M].上海:上海会文学社,光绪三十四年(1908).

[15] 徐道政.中国文字学[M].杭州:武林印书馆,民国六年八月(1917)石印版.

[16] 徐道政.大成徐氏宗谱[Z].民国二十年(1931)辛未.

[17] 徐道政.拟防疫法数条[Z].写本,临海博物馆藏.

[18] 徐道政.《问道不其》条幅,临海博物馆藏.

[19] 柳亚子.南社丛刻[Z].扬州:江苏广陵古籍刻印社,1996.

[20] 徐升亮.双泉燕山大成徐氏黄畈阳宗谱[Z].2012年编纂,黄畈阳徐氏藏.

[21] 章新康.璜山[M].北京:大众文艺出版社,2011.

[22] 郑逸梅.南社丛谈[M].上海:上海人民出版社,1981.

[23] 卢礼阳.马叙伦.马叙伦年表[M].石家庄:花山出版社,1999:375.

[24] 陈元晖.实业教育师范教育[M].上海:上海教育出版社,2007:706.

[25] 朱汝略.浙东军事芜史[M].长春:吉林文史出版社,2005.

[26] 胡正武.台州学院志[M].杭州:浙江工商大学出版社,2009.

[27] 中共临海市委党史研究室.临海市地方志办公室编,王荣福主编.临海史志
[M].

[28] 蒋叔南.雁荡山志[M]//乐清文献丛书(第一辑),北京:线装书局,2010.

[29] 卢礼阳.蒋叔南生平的几个问题[EB/OL].卢礼阳的博客,http://blog.
sina.com.cn/zjluly.

[30] 傅国涌.一生事业在名山[EB/OL].http://fuguoyong.blog.sohu.com/
147806025.html.

[31] 洪振宁.纸上雁山美[EB/OL].https://wx.abbao.cn/a/10204-
9df653f2e3ce8e93.html.

[32] 李冰,等.中国近代第一旅行家——蒋叔南[J].兰台世界,2014(1):22-23.

[33] 项士元.中国簿录考[M].徐三见点校.上海:上海古籍出版社,2019.

[34] 李文彬主编.辛亥革命老人杨镇毅[Z].戊寅(1998)冬月.

附录　徐道政年谱简编

清朝同治五年(丙寅　1866)　1岁

六月六日子时(阳历7月17日凌晨),徐道政诞生于浙江省绍兴府诸暨县化泉乡黄畈阳村(今隶诸暨璜山镇东庑村黄畈阳自然村)。父亲徐春岳,字杏源;母亲钟氏。初名尚书,字平夫,取"匹夫平天下"之意(据《礼记·大学》和顾炎武《日知录》取之),还含有《尚书·虞书·大禹谟》中"地平天成"之义。又作平甫,号病无,取"君子病无能"之义(语出《论语》:"君子病无能焉,不病人之不己知也。"),其名字含义相应,寓有立志高尚,抱负远大,干大事,成大业,与徐道政少时理想相契合。

同治七年(戊辰　1868)　3岁

徐道政年幼聪颖,自述幼年即开始启蒙,开始识字(参见下条)。

同治九年(庚午　1870)　5岁

"三岁识之无,五岁趋鲤庭"(《六十生日作》),接受父训启蒙。

同治十二年(癸酉　1873)　8岁

开始诵读"四书"(即《论语》《大学》《中庸》《孟子》)。他的老师是他的伯父徐杏圃。此取"古者八岁入小学"之义,姑系于此。

光绪元年(乙亥 1875) 10 岁

祖母楼孺人病卒。

光绪二年(丙子 1876) 11 岁

母亲钟氏去世。

宣澍甘于郡学(绍兴府学)应浙江学政考试"名列前第",成为优廪生。

光绪三年(丁丑 1877) 12 岁

伯父徐春风(字杏圃)病卒。

既失母,复失师,家境益困。父亲徐春岳命徐道政放弃读书,牧牛山中,帮助耕作。

光绪四年(戊寅 1878) 13 岁

助耕力作,父亲徐春岳力田耕作,砍竹造纸为副业,为徐家主劳力。

光绪五年(己卯 1879) 14 岁

农闲时随父学医,当游方郎中,半耕半读,医书医案,本草药方,广泛涉猎。

光绪六年(庚辰 1880) 15 岁

父亲徐春岳与诸兄弟分家居住,自立门户。因求医者踵门不绝,徐春岳"治之辄愈",遂弃农业医,感觉以医为业胜于农者,遂有命徐道政重新入塾读书之意。

光绪七年(辛巳 1881) 16 岁

徐道政获得重新入塾读书之机,乃是其父亲为之计长久,欲其子将来继承中医世家衣钵之需。《六十生日作》诗云:"十六重入塾,寒窗对短檠。"如此经历与数年辍学游医,令徐道政十分珍惜读书之难得,激发起孜孜以求、好学不倦之志。传说徐道政十六岁时与齐村赵全荣之女赵秀兰订婚。

光绪八年(壬午 1882) 17 岁

在塾读书。

光绪九年(癸未 1883) 18 岁

在塾读书,逐步深入。

光绪十年(甲申 1884) 19 岁

在塾读书,由读经而学缀文。

光绪十一年(乙酉 1885) 20 岁

经过数年刻苦攻读,徐道政通晓经典,贯串文史。其《六十生日作》诗云:
"二十学缀文,冰壶玉玲珑。三冬文史足,落笔鬼神惊。"在当时具备考取功名,
应付世务之基础。

徐道政与赵氏结婚,据乡间习俗,订婚之后三到四年间结婚,故其婚期应当
在此年和此后三年间。因无明确文字记载,姑系于此,以备续考。赵氏持家有
方,徐道政《六十生日作》诗有"孟光操井臼,稚髫惯布荆。所赖积寸铢,田园有
馀赢"云云,即是对赵氏相夫教子、料理家务之褒扬。

光绪十三年(丁亥 1887) 22 岁

奉父亲之命,出应童子试(科举制度之初试,类似于今日的资格考试,俗称
考秀才),徐道政在诸暨县学和绍兴府学考试中均名列前茅。其父亲看到儿子
考取功名前途大有希望,说:"我志为尔学医计,今而后可专攻举子业。"

光绪十四年(戊子 1888) 23 岁

主攻举子业。

宣澍甘由诂经精舍毕业,赴上海书肆任编辑、总纂,编校《四书五经》,与坊
间畅销书,名声大噪。

光绪十五年(己丑 1889) 24 岁

受知于潘逸琴先生,补县学弟子。(《行述》)

宣澍甘会同乡贤周介石等开办同文书院。

光绪十六年(庚寅 1890) 25 岁

奉父命前往省城杭州,入西湖崇文书院肄业。(《行述》)

光绪十七年(辛卯 1891) 26 岁

受知于徐季和先生,补诸暨县学廪生(俗称中秀才),得食饩(即每月有县学所发禄米资助读书进学)。至此,其父亲说:"我意已足。惟祖父母、父母宅兆(按指坟墓)未卜,夜不能寐。尔其阅《葬经》。"(《行述》)

光绪十八年(壬辰 1892) 27 岁

徐道政得补邑廪生,嗣后盖以课童蒙之业为生,《诸暨县志》载:"中秀才后,教蒙童为生。"马启煌《徐道政故居》:"后因立志苦学中秀才,课蒙童为生。"也就是俗称塾师之职。此后直到中举,其生活条件逐步改善。《六十生日作》诗云:"荣食廪人粟","束修羊并至,问字酒常盈",便是当时家境之写照。

八月十九日(阳历9月9日)子时,长子徐颂樆(字衡樵,号壹岛,学名楚翘,浙江农业教员讲习所毕业,前代理军部文质科长。后随父来台州府城,任第六师范学校教员)生。此前徐道政长女嫦娥已经出生,然未知生于何年,姑附系于此。

光绪二十二年(丙申 1896) 31 岁

六月初三(阳历7月13日)巳时,次子徐颂械(字朴人,浙江体育学校毕业,曾任浙江第六师范教员)生。此前徐道政次女月娥已经出生,不知生于何年,附系于此。

光绪二十四年(戊戌　1898)　33 岁

本年,著名的近代中国政治革新运动——戊戌变法爆发,史称"百日维新",旋告失败。然作为"维新"的余波"新政"之一,象征国家最高学府的京师大学堂创建,标志着我国近代化教育走上舞台。这为后来徐道政再次入京深造埋下伏笔。

光绪二十五年(己亥　1899)　34 岁

第三子徐颂薪(字逸樵)生。此前第三女秋娥生,附系于此。

光绪二十六年(庚子　1900)　35 岁

为塾师,以教授蒙童为生。

宣澍甘于是年执教象山民塾(斯民小学前身)。

光绪二十七年(辛丑　1901)　36 岁

徐道政为其高祖父母和祖父母(即其父徐春岳的祖父母与父母)卜择茔域(坟地)。(《行述》)

光绪二十八年(壬寅　1902)　37 岁

本年与上年,为高祖父母和祖父母卜择营造坟墓。徐道政《例赠文林郎杏源府君暨锺孺人行述》:"辛丑、壬寅,先后得吉兆焉。府君曰:'吾无憾矣。'"即指此事。

光绪二十九年(癸卯　1903)　38 岁

本年适逢慈禧太后"六秩圣寿"(六十寿辰),而设"恩科",考试取士。徐道政奉父命应试,参与本次乡试,"遂领乡荐"(即俗称考中举人)。本次徐道政参加的乡试是设于顺天府(京师城内所隶属的衙门)的考试,故其《六十生日作》诗云"计偕长安城",指此事,这是徐道政第一次到北京。

王念劬(1877—1951,号松渠,台州黄岩人)中举,与徐道政并为"癸卯科举人"。省立第六师范学校前身台州府中学堂简易师范科创始人周继漭（1879—1933，字萍洄，号来亨，台州临海人）亦为"癸卯科举人"。徐道政友人宣澍甘、蒋智由亦于癸卯科中举，其中宣澍甘中式第八名举人，宣后来成为徐道政京师大学堂的同学与至交。

光绪三十年（甲辰 1904） 39 岁

徐道政受乡贤吴忠怀（吴为光绪元年[1875]恩科举人）之邀，与诸友发起把翊忠书院改为新式学堂，称公立翊忠高等小学堂，为校董之一。所教学生中，后来成为国民革命军上将的蒋鼎文便是他该时期育人的代表。

同年，京师大学堂师范馆改为优级师范科。

光绪三十一年（乙巳 1905） 40 岁

是年9月，徐道政应邀为诸暨斯民小学校歌作词："五指峥嵘太白东，上林文化孕育中。我悲同到光明地，快乐真无比！启我本能迪我心，自勉自尊万事成。愿我少年振振振，努力向前进！"殷切寄语少年同学"自尊自勉"、澡雪精神，奋发有为。

9月2日，袁世凯、张之洞奏请立停科举，以便推广学堂，咸趋实学。清廷诏准自1906年开始，所有乡试、会试一律停止，各省岁科考试亦即停止，并令学务大臣迅速颁发各种教科书。

九月廿九日（阳历10月27日），第四子徐颂璋（字士峨，由二十六军军官学校毕业，曾任中央军官学校教官）生。

宣澍甘获清廷加赏五品同知衔，诰授奉政大夫。管震民（即管线白，浙江黄岩人）考入京师大学堂博物科，毕业后签分部七品京官，后弃官从教为生。

光绪三十二年（丙午 1906） 41 岁

当时其父亲徐春岳在当地行医名声益著，而且以仁术仁心济人之急，不收贫者医药费，《行述》中载："府君心益广，方一意济人。"可见其为人行医之一斑。诸暨街亭镇主人叶雪庄与徐春岳有交情，就请徐春岳到叶家居住，在地当婺杭之要冲，四方人物辐辏的街亭镇坐堂行医，得以大施仁术。一时慕名前来求医者众,叶家"户外屦常满"。以其事无明确纪年,亦无明确始终,姑系于此。

本年起,传统科举取士之法宣告终结,各地各级学堂兴起。

光绪三十三年(丁未　1907)　42岁

在本邑斯民小学教书,同时关心中外文化发展潮流,对于西学亦未尝拒之。因教小学生识字而研究《说文解字》,尤其是《说文》部首,为汉字之基础,相当于西洋和东洋文字中的字母,故对五百四十个部首深入研究,加以解释,便于初学。其时或与宣澍甘相识,交流《说文解字》研究,宣澍甘著《说文声母歌括》,对徐道政或许有所启迪,为徐著《说文部首歌括》提供思路与范式。

光绪三十四年(戊申　1908)　43岁

本年5月,京师大学堂优级师范科改名为京师优级师范学堂,独立设校。这便是1923年更名为北京师范大学的前身。

本年六月(阳历7月—8月),徐道政所辑《说文部首歌括》,由上海会文学社出版石印本。后被教育部门定为初级小学教科书。

第五子徐颂周(字季祯)生。此前第四女小娥生,附系于此。

宣统元年(己酉　1909)　44岁

本年,徐道政受聘于浙江两级师范学堂,任教优级中国文学科"国文"。时同科执教者还有马叙伦、朱祖希等名家。结识著名学者马一浮,与之交游,私交甚密。并为此后喜欢古琴,购买古琴,向张味真拜师学琴等张本。徐道政《得古琴记》载:"岁己酉,教授浙之两级师校,识会稽马一浮,造其湖上寓庐,见案横一琴,心窃喜之,而未暇习焉。"可为明证。

本年,得京师大学堂开分科招生讯,有前往深造之意。考试时间大概在冬季。其友人宣澍甘同考,翌年春复同往北京,入京师大学堂深造。见下文。

是年11月13日,南社同人在苏州虎丘举行成立"雅集",陈去病、高旭、柳亚子、朱锡梁、庞树柏、陈陶遗、沈砺、朱少屏、诸宗元、景耀月、林之夏、胡颖之、黄宾虹、蔡守等十七人出席,其中十四人为同盟会会员。

宣统二年(庚戌　1910)　45岁

"宣统元年,京师初开分科大学,不孝请于府君,肄业经科。"(《行述》)此言京师大学堂于宣统元年起开设分科学习的制度,于是请得其父亲同意,考入此校。入学时间是在本年春季。徐道政《宣君雨人同年病记》载:"庚戌之岁,余与宣君同肄业京师大学堂经科。暑假同回籍,假满亦同赴京。"可知其入学是在春季。有的论著称徐道政"上华京"考入京师大学堂,专攻中国文字学,获文学士学位。并称徐道政钻研许慎《说文解字》,学有心得,又善音韵,遂批评段玉裁之注释,尝谓段氏知迭韵而不知双声。实际上,徐道政自己说得很清楚,他在京师大学堂学习的主业是"经科",主攻方向不是专攻中国文字学,而是"古周礼";在他的著作中,他所看重的是经学,所以有《周礼札记》六卷,但未梓行。他后来撰写出版的《中国文字学》中也未见有多少批评段玉裁《说文解字注》(简称段注)的内容,更多的是对段注的继承与吸收。

按:本年京师大学堂开办分科大学,共开办经科、法政科、文科、格致科、农科、工科、商科共七科,设十三学门,分别是诗经、周礼、春秋左传(经科),中国文学、中国史学(文科),政治、法律(法政科),银行保险(商科),农学(农科),地质、化学(格致科),土木、矿冶(工科)。

6月(阴历五月),接到家里来电(电报),其父亲身患痢疾,从北京南归诸暨老家,到街亭镇叶家接回父亲,调养数日即愈。徐道政要父亲就此居家养老,不要再外出行医。徐春岳说:"我固无恙,尔但一心就学,勿以为念。"催促儿子北上继续学业,免致荒废。

7月16日,暑假与同窗兼诸暨同乡宣澍甘(字雨人)返京重新入学;8月9日,宣澍甘从北京东安市场回来途中摔伤,11日发病,至11月27日不治身亡。29日学校为之停课一日致哀,"诸同学咸来吊临"。徐道政回忆自己为之料理病情与后事,"夜不寝者七夕,身困倦甚。同乡见者,悯余太劳,劝少息。余以谊无可诿,乃扶病而终事也"。(《宣君雨人同年病记》)

11月底,正是料理宣澍甘后事时,忽然接到家里来信,称其父亲卧病不能起床。于是告假南归,甫"抵杭州,始闻凶耗,星座奔驰,至家,知府君于十一月二十八日巳时归道山矣",享年六十有八。(《行述》)

宣统三年（辛亥　1911）　46 岁

在京师大学堂继续攻读《周礼》，汉字研究是攻读经典之工具、助手，故其主业为经学，非小学也。

10 月 10 日（阴历八月十九日）夜，武昌起义爆发。清朝将近两百七十年的专制统治被推翻。

中华民国元年（壬子　1912）　47 岁

1 月 1 日，孙文（1866—1925，字载之，号日新，又号逸仙，幼名帝象，化名中山樵，世称为孙中山）在南京就任大总统职，宣告中华民国成立，从此中国历史走向新的时代。

5 月 4 日，京师大学堂改名为北京大学，著名学者、教育家和翻译家严复（1854—1921，原名宗光，字又陵，后改名复，字几道，福建侯官人）先生出任北京大学首任校长，时年五十九岁。徐道政算是严复的学生。

前翊忠小学堂学生蒋鼎文考入浙江陆军学校。

本年起，管线白任杭州官立法政学校校长，后任浙江省立第二师范学校校长（嘉兴）。后与徐道政为访日考察代表团友。

民国二年（癸丑　1913）　48 岁

夏，徐道政在北京大学修学四年，学习期满，获得北大文学士学位。

秋，浙江两级师范学校改名为省立第一师范学校（简称一师）后，徐道政再次应聘任职于浙江第一师范，教授《说文解字》。其同时任教者还有经亨颐（校长）、李叔同、夏丏尊、陈望道等。徐道政的教学风格，与钱玄同、黄季刚、刘师培、刘大白、刘半农、梁漱溟等，在当时均以审慎严密著称。

是年秋，徐道政第三子徐颂薪（字逸樵）由杭州商科学校转入杭州农业学校。门生蒋鼎文与徐氏父子相聚于西子湖畔，实属一段美好时光。

民国三年（甲寅 1914）　49 岁

春，徐道政由同事陈慈尊介绍，在省立一师与同仁夏丏尊、徐作宾、郦忱、姜丹书、陈子韶等同时加入南社,编号为第 457 号。徐道政作诗各体皆能,尤长古风,且积稿甚富;书法篆刻,则擅篆体。《南社丛刻》曾刊载其诗文多篇,有《浙江第一师范校友会志序》《得古琴记》《与柳亚子书》《再与柳亚子书》《游颐和园同卢临仙田多稼》《南湖记游》《端节顾竹候招食粽》《送长沙李任庵赴天山》《短歌行赠蒋宰棠麈振》《与张霞轩话别次蒋棠原韵》《清明还家扫墓》《喜长沙李丙青重来武林》《闻同学管锴警耗》《忆梅》《留别北京大学校四首》《题亚子分湖旧隐图》《柬亚子》等。

按宰棠的蒋振麟号,清光绪时举人,曾任北京大学教授,浦江县知事,后任浙江省通志馆编纂。见项士元《中国薄录考》卷七《如园行医书目》一册《古器物目录》一册。又项士元《寒石草堂日记》:"予于皮市巷金氏春蔼堂得窥蒋宰棠先生所藏图书文物,图书凡二十余箱,四部略备,以丛书、别集及佛经为多,与《如园行医书目》所载大致相符。《古器物目录》一册,系宰老手写,内古陶、古瓷、古铜及玉器雕刻等不下百件。闻日寇陷杭时,匆匆出走,未及搬移,胜利后返杭,仅古陶八十件未散失,余俱无存。玉器宰老向发钏、玉璧、玉鱼三件,皆汉物。玉鱼赠其如君潘氏,玉钏、玉璧,宰老遗嘱纳入棺中。又有雍正窑青瓷缸二职,其房主金氏据为己有,潘氏出目录作证,尚相持不下。"

是年,柳亚子和徐道政晤于杭州,饮酒赋诗,欢叙多日。别后,徐道政致书柳亚子云:"足下期期艾艾,令人绝倒。仆以为处无道世,何事多谈,然足下虽口吃,而善著书,仆则谓不如并书不著也。窃本此意,为一绝云:'茂陵我亦慕相如,口不能言善著书。不若并书亦无有,韩王湖上只骑驴。'足下以为如何?"同时,他与马一浮、余铁山也颇有交往。马一浮亦曾赋诗见赠:《徐病无以曩年月夜见怀旧作见示,余铁山和之并以见贻,率酬一首呈两君》。

本年春,闻古剡张味真善古琴,适来武林,访于旅次,一见如故,为余操《平沙落雁》《归去来兮》,泠泠然使人意销。徐道政就此向张味真求教是否适合学习古琴,并"北面受业"跟他学古琴,过十余日,又斥十二金购得无弦古琴一具。后且撰文一篇《得古琴记》以志欣喜。郑逸梅记"南社才艺蔚然称盛,而徐道政能琴,其艺另辟蹊径"(《南社丛谈》)。

民国四年（乙卯　1915）　50岁

10月，徐道政为《浙江省立第一师范学校校友会志临时增刊》题词，同时还有校长经亨颐的题词："锻乃身，炼乃意，愿鼓教育之洪炉，融合文武为一体。乙卯十月。"两题词均刊载于学校的《运动会》一书。

本年，三子徐逸樵毕业于诸暨县中学堂（诸暨中学前身）。

民国五年（丙辰　1916）　51岁

执教于省立一师。仍坚持向张味真学习古琴，马一浮亦同学之。

夏间，嵊县张味真亦借住西湖（图书）馆中，所居与予邻。味真名冶，清庠生，工操缦，著有《礼乐论》一卷，未梓。马一浮、徐病无常从其学琴，予因此得识二君。（项士元《项慈园自订年谱》上）

民国六年（丁巳　1917）　52岁

8月，徐道政所编《中国文字学》，由武林印书馆石印出版，定价大洋壹圆。后作为有关师范学校的文字学教材。

是年秋，徐道政任省立第六师范学校首任校长，到台州府城临海上任，赁居于小晏宫宋宅，直至1920年7月被"撤任"（项士元《日记》）。据载徐在任期间，学校建造楼房，添建教室，修整宿舍，改造校门，校容校貌焕然一新。同时还在道司杨氏公祠增设附属小学，作为师范生的实习基地，使学校规模、体制基本完备（并见《台州学院志》）。在任期间，他兼教国文习字课。在教学实践中，他以诗歌的形式（即以自己所辑的《说文部首歌括》），阐述汉字的结构。同时，在行政、教学之余，还以台州的人事景物为题材赋诗多篇，有《南山殿怀张睢阳》《晚登南山望江楼》《偕杨梓青游云峰》《陈忠节荒墓》《章家溪访陈铭生茂才懋森》《登望天台》《望江门平海楼联》等。

本年，王念劬（松渠）任浙江省立第三师范学校校长（湖州）。

民国七年（戊午　1918）　53岁

清明前六日（阳历3月30日，阴历二月十八日），徐道政率学生四十人，并偕友人杨聘才、教员张味真、方冽泉、邱梅白及儿子颂械游览天台。还作有《天台纪游》诗三十多首,后油印成册,分赠亲友和同事。

为台州府城文化名人、辛亥志士,时任第六中学教师郭松垞书联:"会心有濠濮间想;高风是羲皇上人。"款作"松垞先生方家法政""病无徐道政",唯无书联时间,姑系于此。

本年,徐逸樵赴日本东京高等师范留学。

民国八年(己未 1919) 54 岁

1 月 29 日(阴历戊午年腊月廿八日),徐道政冒着风雪乘坐浦阳江的航船转道杭州,与代表团会齐,后转车到达上海。于阴历戊午年除夕,随浙江省教育代表团,乘日轮"香取丸号",东渡日本进行教育考察。此次考察由浙江省教育厅组织,各省立师范校长参加。团长是后来替代经亨颐任省立第一师范校长的陈成仁。同行者有包仲寅、王松渠、管线白等十六人。徐道政等一行于正月初二上午十一时到达长崎港。初四日大雪,从长崎到福冈,由福冈邮便局长镰田君引至旅顺馆住宿。考察西京以后,于初九日晨游东京上野公园,考察并游览博物馆、御河、禁城。东京考察期间,徐道政得到了乡友斯燮卿的热情接待,并陪同游览。元宵节,斯燮卿还在寓所设宴招待徐道政及同团考察的王松渠、管线白等人。是日晚上,诸暨同乡二十二人又在东京开欢迎会,盛情招待徐道政。对此"新春雅集",徐道政诗曰:"饮极乐。"

3 月 8 日(阴历二月初七),徐道政随代表团回到上海。代表团在日本游览二旬后,乘船渡过对马海峡,"取道三韩回国"。他们由下关海港乘轮船,经一夕后抵达朝鲜釜山港口,登上朝鲜半岛。徐道政此行行程共一万六千里,为时一个月零八日。在东渡考察期间,共写了七十余首诗,汇编成《东游草》,由上海新学会社印行。

4 月 5 日,寒食节,从临海出发,道经黄岩,拜访著名学者王舟瑶(字玫伯),作《问道不其》书法条幅(今藏临海博物馆)。继经温岭到温州乐清大荆,得到著名旅行家蒋叔南引导,游览雁荡山。作《宿灵岩赠灵岩主人蒋叔南君》长诗一首。来回十余日。

夏,临海城里发生霍乱,徐道政积极参与救治,起草《拟防疫法数条》,条例凡八条。为项士元题《西湖读书图》。图作于己未初夏。

10月19日，海门商学联合会查得大批日货，货主率众夺回，台州救国会派代表蒋径三等十人赴椒支持。21日，海门商学会复电催台属各团体赴椒助力。22日，救国协会会员及浙江省六中、六师各校学生四百余人赴椒援。临海县知事庄纶仪柬邀救国会会长项士元、六中校长毛云鹄、六师校长徐道政、劝学所长严秉钺及县政府科长李超群、谢锡爵等推项士元、严秉钺、李超群、徐道政、毛云鹄、张冶、郑粹夫、张任天八人赴椒，由黄继忠、陶寿农等出任调解。各校学生及各团体代表六百余人齐集大校场示威，镇守使何丰林派阮参谋长出任解排。卒由路桥周天成、陈天兴、新大昌、宜兴泰各号缴出日货白布五十疋，以息众怒。

5月4日，北京大中学生为"外争国权，内惩国贼"，反对巴黎和会损害中国领土主权和约的签订，在天安门举行了声势空前的游行示威，史称五四运动。

12月2日，出《金鳌山怀古》七律诗，以示于项士元。金鳌山在章安。

省立第二师范学校校长管线白、第三师范学校校长王松渠，均随省教育代表团赴日本访问考察教育，与徐道政为团友。

民国九年（庚申　1920）　55岁

四月十七日（阳历6月3日），民国社会名流庄思缄、张仲仁、梁伯强、屈伯刚、任味知、蒋叔南诸公来游天台，道出临海，因慕东湖之胜，六师校校长徐病无曾陪往一游。病无赠诗有"仰掇高云归旅箧，倒收飞瀑入吟杯"句。

五月十七日（阳历7月2日），徐道政被撤销六师校长一职，主要原因是国内为争青岛主权而掀起的罢课学潮。由罗志洲接任。罗志洲，字道晋，绍兴人，武昌高等师范学校毕业。（项士元《日记》）

三月，项士元率六中学生百余人游天台山，遍游名胜，为时十日，作诗四十六首，名《台山爪印》，送上海出版。与徐道政游天台山模式相近。七月十七日（阳历8月30日），项士元也被省长公署下令辞退教职，不准聘用："项元勋为省长公署第六〇〇一号指令，教育厅下文令六中予以辞退。"（项士元《日记》）

民国十年（辛酉　1921）　56岁

在老家黄畈阳营建射勾山房，作为退休养老之"菟裘"。山房宽敞，藏书万卷，号称诸暨藏书楼之最，供人借阅利用，并在此作诗、挥毫，弹琴，编纂宗谱、县志、诗集等。

诸暨县知事陶镛（字在东）作《题徐病无孝廉射钩山房》七绝诗一首。徐道政为作《奉酬陶邑尊镛〈题射钩山房〉四律》五律四首以酬谢，有“秋琴鸣落雁，吟杖策飞虬”句，可见其“菟裘”生活之一斑。

民国十三年（甲子　1924）　59 岁

春，为友人新屋题“人境庐”匾。篆书。款“甲子岁春”。

冬，在杭州遇蒋叔南，其将《雁荡山志》十巨册交付徐道政保管，并请徐道政为《雁荡山志》作序。《雁荡山志》由蒋叔南编撰并自序，徐道政序外，为此志作序者还有康有为、李洣、刘景晨、刘绍宽等人。

本年春，徐逸樵从日本学成回国。8 月，与斯宅乡斯欲仁（号介人）之女斯桂珍结婚。

民国十四年（乙丑　1925）　60 岁

作《六十生日作》叙事古风长诗一首，回顾六十年来人生之经历，感谢儿女、女婿为筹办诞辰所做之事。当时六十大寿庆贺，是在杭州。1965 年徐逸樵手录此诗以纪念其父亲百年诞辰，并于诗末作跋云：“这是小弟于上月遥远从故乡寄来的我父遗作之一。我父若在，今年适满百岁矣。敬裱藏之，藉垂久远。一九六五年十月，徐逸樵敬识于东京。”

民国十六年（丁卯　1927）　62 岁

作《述怀》诗四首七律，寄台州府城辛亥老人杨镇毅。杨作《新正次涂病无〈述怀〉原韵》四律以和之。余诗已佚。

民国十七年（戊辰　1928）　63 岁

在黄畈阳老家。

本年起，徐逸樵在上海政法大学政治系任课，讲授“社会主义思想和社会主义批判”，编写《社会主义 ABC》，由世界书局出版。

民国十八年（己巳　1929）　64 岁

本年春，赴金陵，与长子颂樀，三子颂薪及诸暨街亭夏阳人赵毓荫一道游历胜迹，心情相契，有"六朝金粉地，赵生与我游。言窥胭脂井，同登埘叶楼"之句。赵毓荫为颂樀、颂薪莫逆之交。此行入京盖为颂樀、颂新至国民政府中谋差使，后来颂樀、颂薪均在国军中担任中高层职务，当与此有关。

秋，赵毓荫案病不治身亡。为治丧，有"视敛者；谁子？吾儿薪与樀"之句。作《哭赵君毓荫诗并序》，诗为五言，凡三首。载《暨阳南门赵氏宗谱、诗序》，民国癸酉（1933）续修。

9 月，徐道政为斯民小学撰写《斯民校舍记》，记叙校舍兴建过程，表彰出资出力诸乡贤诱启后昆之精神。

民国二十年（辛未　1931）　66 岁

是年，徐道政主持纂修《暨阳大成徐氏宗谱》三十九卷。

是年夏，作书一联："至人旧隐丹云谷，数间茆屋苍山根。"自中年以后，他即得幽忧之疾，且感于身世，百端交集。此联则流露了他内心息影林泉的情感。

孟秋，为无名氏画作题诗《人间又见真乘黄》："此帧出自清宫，不题作者姓氏，化工之笔，天应泣矣。少陵无人，奈尔画何？壬申孟秋，病无老人题"，下钤徐道政方印。

本年"九一八"事变后，国际联盟派出李顿调查团赴东北调查，国民党政府准备派几位专门委员一同前往，徐逸樵名列其中。日方畏其名，指名加以阻拦，致使他终未出关。先生引为大辱，愤而辞去中央训练部之职，再次转向教育。

民国二十二年（癸酉　1933）　68 岁

在璜山老家。

本年，徐逸樵应教育部长王世杰之邀，任教育部社会教育司第二科科长。

民国二十四年（乙亥　1935）　70 岁

徐道政选录宋至民国八百多年间一百四十九位乡贤的代表诗作一千三百

余首,辑成《诸暨诗英》十八卷,其中《诸暨诗英》正编十一卷、《诸暨诗英》续编七卷,分装四册,翌年出版铅印本。徐家为之举办七十大寿,与其小儿子徐颂周婚礼同时举行,光临庆贺者多一时冠冕显贵。

是年,他还为有"中国硼矿第一人"之称的何绍韩宅第"潜庐"题词。"潜庐"位于杭州"紫阳泉"后山。

民国二十五年(丙子 1936) 71岁

在璜山老家。《诸暨诗英》共十八卷,其中正编十一卷、续编七卷,分装成四册,铅印出版发行。

家里做家具,今存衣橱门上题"福寿无疆,子孙永用"等词,款为"丙子年春,勾无山民"。

民国二十六年(丁丑 1937) 72岁

在璜山老家,继续作诗弹琴,并整理生平诗作,着手编辑诗集之事。

本年7月7日,芦沟桥事变爆发,日本全面侵华战争打响,祖国面临危亡,徐逸樵投笔从戎,先后出任国民革命军第二十集团军秘书长、第三十一集团军政治特派员。

民国二十七年(戊寅 1938) 73岁

日本侵华日益凶猛,国家危急,为救亡图存,国府迁往重庆。徐道政亦经受战火动乱之磨难。

次子徐颂械于本年十月初三日戌时,即阳历11月24日,卒于杭州临平。

民国二十九年(庚辰 1940) 75岁

在黄畈阳老家。

本年,徐逸樵奉命创办陕西省立政治学院并任校长。

民国三十一年(壬午 1942) 77岁

本年,日军为吸引国军注意力,以便攻取长沙等战略要点,对浙东沿海地区攻势加强,浙东部分地区沦陷,诸暨亦遭日寇占领,民生颇遭荼毒。

徐道政小儿子徐颂周在 1942 年诸暨沦陷时,激于爱国义愤,毅然放下教鞭,投身抗日,直到日寇投降。

四子徐颂璋于本年十月(阳历 11 月—12 月),卒于江西。

民国三十三年(甲申　1944)　79 岁

徐道政为诸暨同文中学(今诸暨牌头中学)校歌作词:"允常旧都,南极勾无,竹简良材举世无。十年教训沼强吴[①],薪胆起霸图。拯民救国学愈愚,纵鼙鼓声声,还读我书。越山高,孤狮陡,浦阳深,流不污。教泽高深,与之俱。"希望同学发扬先辈卧薪尝胆、发奋图强之精神,为打败日寇,"拯民救国"而努力学习! 同文中学前身为始创于光绪十二年(1886)的同文义塾,光绪廿四年(1898)改名同文书院,由书法家、教育家和学者宣澍甘开办。宣澍甘后来考入京师大学堂经科,与徐道政为同学挚友。

本年,徐逸樵调任国民党中央组织部训练处处长。

本年十月,徐颂周担任诸暨路南办事处主任,抗日自卫,直到 1948 年上半年。孙子徐祖璜在办事处下任特务组(短枪组)组长。

民国三十五年(丙戌　1946)　81 岁

徐道政携诗集,到杭州向马一浮示之,受到马氏好评。马一浮《题徐病无诗集时方病目》诗云:"勾无山民年八十,颊如婴儿眼如日。袖中示我一卷诗,篇篇出语皆奇崛。"在杭州小住期间,与三子徐逸樵全家等合影,三世同堂,为存世罕见影像。

晚年,徐道政隐居黄畈阳,自号勾无山民,种花自娱,纵情诗书,并选诗千余首汇成《勾无山民诗钞》。此时盖已经编选成集,惜后未梓行。

本年,徐逸樵奉命赴日本东京,任国民政府驻日代表团首席顾问,中将军衔。

徐颂周重返教坛,担任暨阳中学校长。

---

①　十年教训沼强吴:沼字费解,疑为"没"字形近而讹,没者,灭也。谨志以备考。

民国三十六年(丁亥　1947)　82 岁

在黄畈阳老家。是年,有代化泉乡乡长徐朴人率全乡民众敬献县长祝更生中堂一幅,以表彰其政绩,署名"击壤老人,年八十二谨书"。

本年,徐逸樵在东京与张群等创办"亚东协会",任常务理事。

民国三十八年(己丑　1949)　84 岁

在黄畈阳老家。

中华人民共和国成立前夕,汤恩伯、蒋鼎文、张群等劝徐逸樵离日赴台湾,徐逸樵乃辞去驻日代表团顾问之职,定居日本,著有《先史时代的日本》一书。1972 年中日邦交正常化。1973 年 10 月 7 日,徐逸樵夫妇回国探亲,受到中华人民共和国国务院总理周恩来和夫人邓颖超的亲切接见并共进晚餐。周总理建议徐逸樵夫妇每年都回来看看,并在适当时回国定居。在返日途经香港时,徐逸樵向媒体发表归国观感:"依我看,祖国的统一只是时间的问题。我相信,就是反对这种看法的顽固派中最顽固的人,其本身也明白统一祖国已成为历史不可抗拒的潮流。"1978 年 9 月 7 日回国定居,后任第五届、六届、七届全国政协常委。1989 年 9 月 30 日,徐逸樵病逝世,终年九十岁。10 月 17 日,徐逸樵遗体告别仪式在八宝山革命公墓礼堂举行,党和国家领导人李先念、邓颖超、乔石、王震等致送花圈,丁关根、王任重、程思远、钱正英等及各界人士三百人参加告别仪式,备极哀荣。小儿子徐颂周于 1977 年去世,1984 年平反,恢复名誉,落实政策。这是后话。

1950 年(庚寅)　85 岁

徐道政辞世,享年八十五岁。墓在孟家山之麓,夫人赵氏 1957 年去世,合葬。

跋

　　宋朝大文豪苏东坡在《前赤壁赋》中说："自其变者而观之，则天地曾不能以一瞬；自其不变者而观之，则物与我皆无尽也。"当初我接到撰写《徐道政传》任务时，到如今完成传稿之后，对苏氏此言深有体会。从徐道政一生经历看，他以从医救人为生，转成以教书育人为生，从读书到教书，从教书到著书，"藏修之暇，不废登临"，来台州府城临海出任浙江省立第六师范校长的四年间，游览天台山、出国考察日本教育、观光雁荡山，流连山水，实现夙愿，参加赤城吟社，并被推为社长，与台州文化界名流经常雅集，诗酒唱和；经历五四运动在台州的波澜，率领六师全校参与声援北京学生爱国运动，捍卫国家利益，出面调停台州商学两界因抵制日货引发的矛盾，声势波澜壮阔，过程烦难曲折，结果可圈可点，实为其人生大事要事集中精彩的阶段，可谓达到其事业的巅峰。凑巧的是，徐道政出长六师到今天，刚过百年，而社会发生了天翻地覆的沧桑变化，六师经历了十分曲折的生存和发展，变成今天的台州学院这样一所全日制综合性本科高校，若徐道政泉下有知，必将有"曾几何时而江山不可复识"之感；当年六师的人与校均已面目大变，而教书育人的职责、传道授业解惑的宗旨仍然一脉相承，薪尽火传。当我下笔之初，深感材料欠缺，文献不足之苦，这是以前编纂校志时就有的体会，随着阅读徐氏诗文，走访诸暨璜山徐道政故居，阅读徐氏宗谱，在诸暨地方文史专家座谈会上请教所得，以及发现临海博物馆所藏徐道政《天台纪游》《东游草》两种诗集之后，信心不断提升，撰写徐传也得到很好的材料支持，让传主的生活显得有血有肉起来。今年春夏间，在临海博物馆获读项士元日记、项士元自编年谱的部分材料，嗣后又得到临海博物馆藏徐道政书翰等珍贵材料，为进一步了解徐道政当年在六师的生活，提供更多更加真实生动而丰富细致的方方面面，为写好《徐传》奠定了坚实的基础。郦勇先生提供了诸暨所存有关徐道政子孙的档案材料，亦为本书丰富了血肉。在一年多的撰写过程中，先是令人为徐道政诗集及其他材料在"土改"和"文革"之后消失而惋惜不已，又为在临海博物馆获得许多徐道政的材料而喜出望外，可谓悲喜交加，五味杂陈，真是印证了刘禹锡《竹枝词》中"东边日出西边雨，道是无情却有情"的话，也更加深了笔者对苏轼变与不变、尽与无尽道理的体认。

此书撰写过程中得到了许多师友的热情帮助，没有他们的帮助，就没有此书的成形，故虽说由我执笔，实则众人之力助成。今当交稿之际，不禁感慨系之，对诸位师友的感激之情涌上心头，涟漪起伏，难以言表。我的老领导原台州师专党委书记夏崇德先生，诸暨市文联诸领导尤其是吴旭东主席，诸暨市地方文史专家何根土、吕敏、周音莹、孙晓群、郦勇等，徐道政裔孙徐祖明先生与夫人徐珠红女士，徐道政玄孙女婿马启煌先生、孙子徐乃艮，徐氏宗谱主编徐升亮诸人，均给予热情关注与帮助。在走访调研与联系的过程中，得到诸暨市文联吴旭东主席的高度重视，组织暨阳文史专家及徐氏裔孙等座谈，提供徐氏有关生平事迹；得到诸暨璜山镇党政领导的重视与支持，镇文化站干部多次陪同我们调研。这些热情帮助，不断地激励和鞭策着我鼓起勇气坚持下去。撰写过程中，参考了上述专家有关讲述与论述的内容，有关论著，在书末列出参考文献目录。夏崇德先生不但将自己搜集的有关徐道政的资料提供给我，还应我的祈请，为这本我校历史上第一位校长传记作序，予我以热情的勖勉，令我益增愧荷！临海博物馆原馆长徐三见先生、现任馆长陈引奭先生及有关工作人员，我的同事台州学院档案馆王婉萍馆长、校宣传部王友正先生、校保卫处马斌处长、台州学院图书馆夏哲尧先生、寿玉清女士，诸暨市图书馆张阳女士，我的大学同学省纪委宣新瑞专员，我的内人李柳珊，儿子胡如海，还有为此书撰写提供过帮助的其他人士等，谨在此一并致以谢忱！

著　者

2018 年 3 月 21 日初稿，4 月 7 日二稿，7 月 25 日修订于临海菊筠斋